04. Aug. 1976

D1929585

Gerd Iben · Menschen unterm Planquadrat

Hanser · Umweltforschung

Gerd Iben

Menschen unterm Planquadrat

Sozialpolitische und sozialpädagogische Aspekte
der amerikanischen Stadterneuerung

Carl Hanser Verlag München 1971

Redaktion: Michael Lohmann

ISBN 3-446-11511-0

Alle Rechte vorbehalten
© 1971 Carl Hanser Verlag, München
Gesamtherstellung: Passavia Passau
Umschlaggestaltung: Dieter Vollendorf
Printed in Germany

Inhalt

Vorwort

Die vorliegende Abhandlung erwuchs aus praktischen und wissenschaftlichen Bemühungen um die sozialpädagogische Problematik gesellschaftlicher Minderheiten, insbesondere der Obdachlosen.[1] Es zeigte sich dabei, daß Vorschulprogramme, Schularbeitenhilfe, Kinder- und Jugendclubs, Elternberatung und Selbsthilfeaktionen, das ganze Spektrum einer Gemeinwesenarbeit nicht ausreichen, um die Folgen gesellschaftlicher Ausgliederung und Diskriminierung aufzuheben. Da neben wirtschaftlichen Problemen der Verlust der Wohnung in jedem Fall Obdachlosigkeit verursachte, mußte eine vorbeugende und wirksame Sozialarbeit notwendig auf Fragen der Wohnungspolitik, der Stadtplanung und Stadtsanierung stoßen. Nach der Publikation einer Denkschrift gegen die Zusammendrängung einkommensschwacher Bevölkerungsgruppen in neuen Gettos[2] kam es zu einem Forschungsauftrag des Bundesministeriums für Städtebau und Wohnungswesen über „Wohnverhalten in Sanierungsgebieten". Dieser wiederum bestimmte weitgehend die Thematik eines Forschungsaufenthaltes in den USA (Februar bis August 1970), der neben dem Studium kompensatorischer Bildungsprogramme für Kinder und Jugendliche in Slums besonders den Fragen der Slumsanierung und Stadterneuerung gewidmet war.

Ich möchte an dieser Stelle allen danken, die diesen Forschungsaufenthalt ermöglicht und durch ihre Mitarbeit bereichert haben: insbesondere Harry A. Passow, meinem Mentor am Teachers College der Columbia University, Robert Dentler und seinen Mitarbeitern am Center for Urban Education in New York sowie den zahl-

[1] Vgl. G. Iben u. a., Kinder am Rande der Gesellschaft. München 1968 u. ders., Soziales Engagement der Studenten in Notunterkünften. In: neue Sammlung, 1968 Heft 4, S. 379 ff.

[2] G. Iben, Hinter den Fassaden – Sozialpädagogische Anmerkungen zu Städtebau und Stadtsanierung. In: Neues Beginnen. 1969 Heft 1, S. 7 ff.

reichen geduldigen Gesprächspartnern in Forschungsinstituten, Planungsbehörden, Vorschuleinrichtungen (Head Start Centers) und Nachbarschaftsorganisationen in Slums.

Besonders danke ich Miß Catherine Brown vom Office of Education in Washington D. C. für die unermüdlichen organisatorischen Hilfen, die mir viele Türen in den Staaten öffnete. Nicht zuletzt gilt mein Dank der Deutschen Forschungsgemeinschaft in Bad Godesberg für die Finanzierung des Forschungsaufenthaltes.

Marburg/Lahn, Januar 1971

Gerd Iben

Einleitung

Die Formulierung des Titels, „Menschen unterm Planquadrat", wurde gewählt, da Stadterneuerung und Slumsanierung überwiegend aus dem Blickwinkel der Betroffenen betrachtet werden sollen. Der sozialpolitische Aspekt sollte zwar generell die Stadtplaner in ihrem Denken und Handeln bestimmen, doch dominieren im Prozeß der Stadterneuerung noch weithin architektonische, verkehrsplanerische oder fiskalische Gesichtspunkte, während die Situation der Planungsbetroffenen oder -verdrängten nur ungenügend reflektiert und berücksichtigt wird. Die schwer kalkulierbare Dynamik einer Bevölkerung wird im planenden Ausgriff auf die Zukunft ohnehin leicht als ein Unsicherheitsfaktor und als lästige Störung des Planspiels empfunden. Wenn Planer auf Veränderung bedacht sind, so bezieht sich diese fast ausschließlich auf die physische Umwelt, auf Bauten, Straßen, Plätze und Parks, um die Stadt „ordentlich, effizient und schön"[1] zu machen.

Die vorliegende Arbeit geht der Frage nach, wie sich die amerikanische Stadterneuerung auf das Leben der Bürger in den Sanierungsgebieten ausgewirkt hat und welche Rolle ihnen selbst im Erneuerungsprozeß zugestanden worden ist. Unter dieser Fragestellung folgt nach einer knappen Beschreibung der gegenwärtigen Krise nordamerikanischer Städte und der Bedingungsfaktoren im Gesellschafts- und Wirtschaftssystem (I) die Darstellung der verschiedenen Slumsanierungs- und Stadtentwicklungsprogramme und ihrer Schwierigkeiten (II). Der Schwerpunkt der Arbeit liegt in der Analyse der Sanierungsfolgen für die Bewohner und der Möglichkeiten ihrer Beteiligung an der Erneuerungsplanung. Vor allem werden die Methoden und Organisationsformen der Nachbar-

[1] H. J. Gans, Planning for people, not buildings. In: Environment and Planning, 1969, Vol. 1. S. 33 u. 36.

schafts- oder Stadtteilvereinigungen (Community Organizations) in Slums erörtert (III). Die Arbeit schließt mit einer Zusammenfassung und dem Versuch, die amerikanischen Erfahrungen ansatzweise auf europäische und westdeutsche Verhältnisse zu übertragen (IV).

Allem liegt die Hypothese zugrunde, daß Niedergang und Erneuerung der Städte nur zu einem gewissen Teil ein Problem der physischen Gestalt, der Bausubstanz und räumlichen Gliederung, sondern vielmehr eine soziale Frage sind.

Diese soziale Frage, deren Vielschichtigkeit nachgegangen werden soll, ist nicht ein isolierbares Problem neben anderen, dem man mit einzelnen sozialfürsorgerischen Anstrengungen begegnen könnte. Sie ist vielmehr eine Krise der Gesamtgesellschaft, ihrer sozialen Schichtung, ihrer Einkommens- und Machtverteilung, ihres Bewußtseins, Selbstverständnisses und ihrer herrschenden Sozialphilosophie, die den Erfolgreichen glorifiziert und den Erfolglosen verurteilt.

Zwar hat die amerikanische Gesellschaft immer wieder erstaunliche Kräfte zur Bekämpfung sozialer Nöte mobilisiert, doch blieben sie gegenüber den dominierenden politischen und wirtschaftlichen Bedingungen fragmentarisch und weithin ohnmächtig. Gerade dort, wo diese Gesellschaft ihrer Machtentfaltung den deutlichsten Ausdruck verliehen hat, in ihren großen Städten, hat sie auf trügerischen Grund gebaut. John Russel sagt dazu:

„Nichts ist so gespenstig, wie dem Sterben einer Stadt zuzusehen, ohne daß Bomben dazu nötig sind. Während ihre schimmernden Türme, ihre raschdurchfluteten Schlagadern und ihre neuen Fassaden den Anschein von Vitalität und Stärke erwecken, nagt unter ihnen das Krebsgeschwür. Wann werden wir endlich verstehen, daß man die Trümmer der Zivilisation nicht wieder aufbauen kann, ohne den Geist ihrer Opfer wieder aufzurichten?“[2]

Stadterneuerung ohne soziale Erneuerung ist demnach ein Versuch am untauglichen Objekt, wenn die Wechselwirkung von Soma und Psyche, von gestaltetem Raum und menschlichem Dasein nicht als solche begriffen wird. Es läßt sich nachweisen, daß wirtschaftliche, soziale und politische Faktoren das Verhalten der Menschen

[2] Zit. von Community Renewal Society, Toward Responsible Freedom, Chicago o. J. Umschlagseite. Übersetzungen vom Verfasser.

entscheidender prägen als die physische Umwelt.[3] Darum scheint zum Beispiel die Zuordnung von bestimmten Sozialgruppen zu bestimmten Wohnformen sekundär und durch die erstgenannten Faktoren gesteuert zu sein.[4] So leben kinderreiche Familien und Rentner deshalb häufiger in Sanierungsgebieten, weil ihre wirtschaftliche und soziale Situation sie zwingt, in erschwinglichen und längst amortisierten Wohnungen zu leben.

So wenig man also einerseits die Bedeutung der baulichen Umwelt überschätzen sollte, so läßt sich doch andererseits der Einfluß der Wohnungsgröße-, -lage und -ausstattung auf das Verhalten nicht leugnen. Das wurde zum Beispiel bereits von jenen Industriellen erkannt, die durch die Versorgung ihrer Arbeiter mit Werkswohnungen und Eigenheimen bestimmte Einstellungen anstrebten und erzielten.[5]

Die soziale Umwelt ist von Planern wiederholt auf den Nahraum eingeengt worden und unter dem emotional geprägten Stichwort „Nachbarschaft" in ihrer Bedeutung nicht selten überinterpretiert worden, besonders von der konservativen Großstadtkritik.[6] Sie wünscht im Grunde die Rückkehr zur homogenen dörflichen Nachbarschaft, von der her die „anonyme Großstadt" kritisiert wird.[7] Zweifellos braucht auch der Großstadtmensch eine ihm angemessene Nachbarschaft, um sich wohlzufühlen, doch ist diese

[3] Vgl. H. J. Gans, People and Plans. Essays on Urban Problems and Solutions. New York London 1968, S. 9.

[4] Wir leugnen damit keineswegs Einflüsse der physischen Umwelt auf das soziale Verhalten und die psychische Situation des Menschen (Vgl. dazu K. H. Craik, Environmental Psychology. In: ders. u. a., New Directions in Psychology 4, New York, Chicago u. a. 1970, S. 1 ff.

[5] Vgl. z. B. F. Engels, Zur Wohnungsfrage. In: Marx/Engels Werke Bd. 18, S. 209–287, Berlin 1962, bes. S. 233/234 u. 247 ff.

[6] Vgl. H. P. Bahrdt, Humaner Städtebau. Hamburg 3. Aufl. 1969, S. 95 ff.; ferner: K. Zapf, Rückständige Viertel. Frankfurt 1969, S. 208.

[7] Vgl. H. Oswald, Die überschätzte Stadt, Olten u. Freiburg i. Br. 1966, S. 143 u. H. Bernd, A. Lorenzer, K. Horn, Architektur als Ideologie, Frankfurt 1968, S. 55; ferner: E. Pfeil, Zur Kritik der Nachbarschaftsidee, in: Archiv f. Kommunalwissenschaften 1963 Heft 2 u. H. Klages, Der Nachbarschaftsgedanke und die nachbarschaftliche Wirklichkeit in der Großstadt, Köln, Opladen 2. Aufl. 1968.

mit steigender Sozialschicht weniger an die räumliche Nähe gebunden und mehr aus Gleichgesinnten und Kollegen zusammengesetzt.[8]

Wenn im folgenden häufig von Nachbarschaftsgruppen die Rede ist, so ist das nie im Sinne einer Sozialidylle gemeint, sondern als technisch-organisatorischer Begriff, der räumliche Nähe ebenso einschließen kann wie Interessengemeinschaft.

Das gleiche gilt für den wiederholt verwendeten englischen Terminus „Community". Auch hier gibt es eine Community-Ideologie mit romantischen Erwartungen gegenüber der Ausstrahlung kleiner Gruppen. Außerdem wird der Begriff in sehr unterschiedlicher Weise gebraucht: als geographische, territoriale, funktionale, sozialpsychologische und struktursoziologische Bezeichnung.[9]

Im vorliegenden Rahmen wird er teilweise geographisch im Sinne der Bewohnerschaft eines Stadtviertels, überwiegend aber funktional verwendet. Die funktionale Betrachtungsweise geht nicht von einem einheitlichen Gebilde der Community aus, etwa einer in sich geschlossenen ethnischen Gruppe, sondern von dem Zusammenschluß mehrerer Untergruppen, die sich in verschiedenen Interessensphären berühren, überschneiden und zur begrenzten Kooperation treffen.

Community als Einheit

Community als Kooperation (Association)[10]

Ein weiterer Begriff wird auf den folgenden Seiten häufig wiederkehren und bedarf einiger Vorbemerkungen: der Begriff „Slum". Obwohl er seit langem international im Gebrauch ist, wird er selten

[8] Vgl. H. Oswald, aaO, S. 144 u. H. P. Bahrdt, aaO, S. 108/109

[9] Vgl. J. Boer, K. Utermann, Gemeinwesenarbeit-Community Organization-Opbouwwerk, Stuttgart 1970, S. 24–26.

[10] Vgl. Strycker's Bay Neighborhood Council, The Future Direction, Manuskr. New York 18. 12. 1969 S. 2.

eindeutig definiert. Seine Unschärfe erlaubt es, ihn mehr oder weniger willkürlich zu verwenden. So werden zuweilen Gebiete nur deshalb zu Slums erklärt, weil ihre Sanierung eine höhere Rendite verspricht, wohingegen andere trotz menschenunwürdiger Wohn- und Lebensbedingungen davon ausgenommen werden.[11] Es hängt somit von den Interessen und Kriterien ab, was als Slum oder Sanierungsgebiet eingestuft wird. Ein Block, der dem mittelschicht-orientierten Planer ein Greuel ist, kann dem einkommensschwachen Bewohner als eine günstige Wohngelegenheit mit vielen Nachbarschaftsbeziehungen wertvoll sein.

Einer der bekanntesten amerikanischen Slumforscher, H. J. Gans, bietet folgende Definitionen an, die allerdings noch sehr formal bleiben:

„Slumhäuser und ähnliche können als solche beschrieben werden, die sich für ihre Bewohner oder die Gemeinde als Ganzes als physisch, sozial und emotional schädlich erwiesen haben.“ oder

„Zum Zwecke der Erneuerung kann ein Slum als ein Gebiet definiert werden, dem aufgrund seiner sozialen Gegebenheiten nachgewiesen werden kann, daß es Probleme und Fehlentwicklungen (pathologies) sowohl für die Bewohner als auch für die ganze Gemeinde hervorbringt.“[12]

Doch Slums werden nicht immer in dieser Weise als negativ dargestellt, sondern auch als ökonomisch und sozial sinnvolle Pufferzonen bezeichnet, die unqualifizierte Zuwanderer aufnehmen, festhalten und somit die Städte vor ihnen schützen. Wer die freie Wohnortwahl akzeptiere, müsse Slums als Auffangbecken für Unerwünschte in Kauf nehmen.[13] Diese Auffassung ist nicht selten anzutreffen und derjenigen verwandt, die auch Konzentrationslager für eine humane Notwendigkeit hält.

Die vorliegende Arbeit befaßt sich zwar ausgiebig mit der Slumproblematik, versteht sich aber nicht als eine Einführung in die Struktur und das innere Wesen der Slumexistenz. Dazu sei auf die

11 Vgl. J. Jacobs, Tod und Leben großer amerikanischer Städte, Berlin–Frankfurt–Wien 1963, S. 13–15, ferner H. J. Gans, People and Plans, aaO, S. 213.

12 People and Plans, aaO, S. 211.

13 Vgl. A. v. Hayek, The Constitution of Liberty, London 1960, S. 348 u. H. W. Jenkins, Slums und Slumbeseitigung. In: Gemeinnütziges Wohnungswesen, 1964, Heft 8, S. 251 u. Heft 9, S. 291.

zahlreiche, einschlägige amerikanische Literatur verwiesen, zum Beispiel auf: Hunter, Suttles, Hannerz, Gans, Clark, Osofsky, Goro[14], um nur einige zu nennen.

Obwohl an dieser Stelle an keine systematische Analyse des Lebens in Slums gedacht ist, steht doch der Slumbewohner gleich welcher Hautfarbe, der Sozialbenachteiligte und Diskriminierte mit all seinen Belastungen, den Behinderungen seiner Emanzipation und Daseinsgestaltung im Mittelpunkt dieser Arbeit.

Diese Konzentrierung auf den Slumbewohner darf nicht, wie bereits anfangs gesagt, zu einer Blindheit gegenüber gesamtgesellschaftlichen Bestimmungsfaktoren führen. Obwohl diese Gefahr besteht, können Ursachenforschung und die Untersuchung eines Sozialwesens auf die Detailanalyse und die Erfassung bestimmter Einzelaspekte nicht verzichten. Diese Arbeit sollte nicht als gesellschaftstheoretische Abhandlung oder als Darstellung eines Gesellschaftssystems mißverstanden werden. Selbst der Problemkreis der Slumsanierung und der Stadterneuerung konnte nicht in all seinen Verflechtungen und Konsequenzen verfolgt werden, sondern nur in einigen wichtig erscheinenden Teilbereichen. Ihre Zuordnung und Gewichtung verlangen im Grunde nach einem umfassenden gesellschaftstheoretischen Konzept, doch klafft hier eine Lücke zwischen den vorwiegend pragmatisch orientierten amerikanischen Sozialprogrammen und ihrem gesellschaftlichen Kontext. Auch den sozialkritischen und sozialistischen Planern und Reformern ist es bisher nicht gelungen, die genannte Bewußtseinslücke durch eine gesellschaftliche Gesamtkonzeption zu schließen. Die verbreitete Ratlosigkeit gegenüber der wachsenden Krise der amerikanischen Nation wurzelt nicht zuletzt in der Erschütterung des überkommenen gesellschaftlichen Selbstverständnisses, im Versagen des Liberalismus gegenüber den Problemen der modernen Gesellschaft und im Fehlen gesellschaftspolitischer Alternativen.

[14] Vgl. dazu das Literaturverzeichnis auf S. 155 ff. Die Arbeiten der obengenannten Autoren werden im folgenden wiederholt zitiert.

I. Die Krise nordamerikanischer Städte

Wir müssen uns darauf beschränken, die vielschichtige Problematik der meisten größeren nordamerikanischen Städte in einigen wenigen Aspekten sichtbar werden zu lassen.

Wir beginnen mit der Frage nach dem quantitativen Umfang der Wohnungskrise, um dann den wichtigen Ursachen nachzugehen, der Bevölkerungsentwicklung und Rassenfrage, der Diskriminierung, den ökonomischen Verhältnissen, der besonderen Bildungsproblematik und den Symptomen der sozialen Desintegration. Da es aber nicht unsere Aufgabe ist, die Krisenliteratur um einen Band zu erweitern, oder ausführliche Analysen zu den einzelnen Aspekten zu schreiben, soll jeweils nur eine begrenzte Anzahl von Daten die Grundlage für die später zu erörternden Problemlösungsversuche schaffen.

Wohnungskrise und Slumentwicklung

Die Krise vieler nordamerikanischer Städte ist nicht allein durch die Entstehung und Ausbreitung von Slums gekennzeichnet, sondern auch durch Verkehrsprobleme, Standortfragen der Industrie, Umweltverschmutzung und anderes mehr. Alle diese Probleme treffen jedoch in der Slumentwicklung zusammen. Sie wirft die radikale Frage nach „Tod und Leben großer amerikanischer Städte"[1] auf. Diese Slumentwicklung ist nicht auf Wohngegenden beschränkt, doch ist sie in erster Linie ein Bevölkerungs- und Wohnproblem. Dabei fällt die Bezeichnung „Slum" nicht nur auf Wohngebiete mit überaltertem und verwahrlostem Wohnbestand, sondern nicht selten auch auf Neubaugebiete mit einer Zusammenballung einkommensschwacher Bevölkerungsschichten.

[1] Jane Jacobs, aaO.

Der Anteil der amerikanischen Wohnungen, der unter dem Standard liegt (substandard), oder als verwahrlost gilt, wird mit 25%[2] angegeben. Nach B. J. Frieden lebten 1960 12,6 Millionen Familien in „substandard" oder verwahrlosten (detoriated) und 6,1 Millionen in übervölkerten Wohnungen.[3] Der Anteil der „substandard" und verwahrlosten Wohnungen am Gesamtbestand schwankt je nach Baugeschichte und Bevölkerungsentwicklung stark von Stadt zu Stadt und von einem Stadtviertel zum anderen. So hat zum Beispiel Boston insgesamt ein Viertel seiner Stadtfläche zur Stadterneuerung vorsehen müssen, denn noch 1970 wurden 20 000 Wohnungen als unbrauchbar und 76 000 als „substandard" eingestuft[4]; doch streuen die Anteile der zu ersetzenden oder zu erneuernden Wohnungen und Häuser von 5–69% in den einzelnen Stadtgebieten.[5] Für New York City liegen die Angaben über das Defizit an angemessenen Wohnungen zwischen 700 000[6] und 1 000 000. Jährlich gehen durch Verfall und Abriß 50 000 Wohnungen verloren, während in dem gleichen Zeitraum nur etwa 5000 gebaut werden.[7] Allein in Central Harlem ist 1964 über 50% des Wohungsbestandes als „ungesund" klassifiziert worden.[8]

Die New Yorker Wohnungskrise wird durch die hohe Quote der verlassenen und leerstehenden Häuser ständig verschärft. Jährlich ziehen durchschnittlich 100 000 weiße New Yorker von der City zur Suburb. Den Hausbesitzern unter ihnen erscheint oft die Erhaltung ihrer Häuser in der City als unrentabel, da sie stark mit

[2] M. Harrington nennt 27% (The Other America – Poverty in the United States. New York 1964, Seite 139).

[3] Die „übervölkerten" (overcrowded) sind oft mit den vorher genannten identisch. Vgl. B. J. Frieden, Housing and National Urban Goals: Old Policies and New Realities, In: J. Q. Willson (Hrsg.) The Metropolitan Enigma, New York 1970, Seite 175/176.

[4] Vgl. J. Menzies, Bay State could learn from New York, In: The Boston Globe, 29. 3. 70.

[5] Vgl. Boston Redevelopment Authority, Progress Report 1968/69, S. 1 und diess. Research Report, Washington Park 1969 Map 9.

[6] J. Menzies, aaO, o. S. I.

[7] Vgl. R. Starr, For a Housing Policy Shift, In: New York Times, 19. 4. 70 und F. Heinze, Masterplan, In: Urban Underground, Vol. 1, No 1, S. 1/2.

[8] Vgl. HARYOU, Youth in the Ghetto, New York 1964, S. 103.

Steuern und Hypotheken bei gleichzeitiger Mietkontrolle belastet sind. So wurden in den letzten Jahren mehr als 100 000 Wohnungen aufgegeben. Einer halben Million weiterer Wohnungen droht in den kommenden Jahren das gleiche Schicksal, so daß die Wohnungsbehörde für die nächsten 3 Jahre die schärfste Wohnungskrise New Yorks erwartet.[9] Außerdem ist es in den letzten 2 Jahren zu einem weitgehenden Stillstand im Wohnungsbau gekommen, so daß jährlich 23 000 neue Familien keine adäquate Wohnung erwarten können.[10] 135 000 Familien stehen bereits auf der Warteliste für Sozialwohnungen.[11] Während vor einigen Jahren noch jährlich 13 000 Sozialwohnungseinheiten von der Wohnungsbehörde fertiggestellt wurden, sank die Quote 1968 auf weniger als 2000 Einheiten. 1969 waren es noch weniger. Von privaten Bauherren, die in den 20er Jahren jährlich 100 000 Einheiten und 1963 noch 35 000 Einheiten bauten, wurden 1969 nur noch 3300 Einheiten fertiggestellt,[12] und das waren überwiegend teure Wohnungen. 1970 versiegte die private Wohnungsbautätigkeit fast völlig. Die Aussichten auf dem New Yorker Wohnungsmarkt verdüstern sich zunehmend, da keine hinreichenden öffentlichen Mittel zur Verfügung stehen und der einseitige Bedarf an billigen Wohnungen private Bautätigkeit nicht anreizen kann. Außerdem wird die Rate der verfallenden und aufgegebenen Wohnungen weiter steigen.[13]

Diese Situation wird durch die große Zahl der übervölkerten Wohnungen noch verschärft. In der West Side Urban Reneval Area lebten 1965 35% der Neger, 39% der Puertoricaner und insgesamt

[9] Das Aufgeben von Häusern ist nicht auf New York beschränkt, sondern findet sich in fast allen größeren Städten. Nur 3 Meilen von Washingtons Capitol entfernt stehen viele erst 25–30 Jahre alte Häuser leer. (Vgl. J. Herbers, Paradox of Big Cities ... In: NYTimes, 9. 2. 70; ferner J. Rosenthal: Urbanists Find Suburbs Hostile to Cities, In: NYT, 22.5. 70.

[10] Vgl. R. Alden, Crisis in Housing Demands Action, In: NYT, 15. 3. 70, Sect. 8.

[11] Vgl. D. K. Shipler, City Plans to Speed Housing for Poor In: NYT, 3. 5. 70.

[12] Vgl. R. Starr, aaO.

[13] Vgl. Ch. J. Urstadt, Housing Prospect Bleak in the City, In: NYT, 15. 3., Sect. 8.

23% der Bevölkerung in überfüllten Wohnungen[14]. Die Zahlen für Harlem und ähnliche Slumgebiete sind vermutlich noch ungünstiger. Allerdings gelten in den USA Wohnungen bereits als überfüllt, wenn pro Raum mehr als eine Person gezählt wird.

Fragt man nach den Ursachen der beschriebenen Wohnungskrise, so erfährt man verschiedene Hypothesen. Aus Kreisen der Hausbesitzer wird vor allem die 1943 eingeführte Mietkontrolle als Ursache der Krise bezeichnet, da sie angemessene Mieteinnahmen verhindere.[15] Sicher zahlen viele, besonders die wohlhabenden älteren Mieter, zu niedrige Mieten, doch spielen die Profiterwartungen und andere psychologische Faktoren auf seiten der Eigentümer eine größere Rolle. Gerade in Slumhäusern werden von Farbigen häufig stark überhöhte Mieten gezahlt, ohne daß ein angemessener Teil der Gelder für die Instandhaltung des Hauses verwandt wird.

Obwohl Besteuerung, Mangel an Hypothekengeldern, gestiegene Dienstleistungskosten und das Erliegen der Transaktionen von Appartementhäusern als ökonomische Ursachen zur Krise beitragen, scheinen die bevölkerungsstrukturellen und die sozialpsychologischen Faktoren entscheidender zu sein. So sind aufgegebene Häuser besonders in Stadtgebieten zu finden, die durch hohe Kriminalität und andere Anzeichen sozialer Desintegration charakterisiert sind. Häufiger Wechsel der Bewohnerschaft, Überwiegen armer und diskriminierter Bevölkerungsschichten sowie Überfüllung vieler Wohnungen führen zum Abstieg eines Stadtgebietes. Verlassene Häuser sind dann lediglich Symptome des Abstiegsprozesses.[16] Allerdings scheinen diese Symptome selbst ansteckend zu sein, denn das Aufgeben greift oft rasch um sich und entvölkert ganze Straßenzüge und Nachbarschaften, so etwa in Brooklyn's Brownsville und im Hunts Point Bezirk von Bronx.[17] Die eigent-

[14] Vgl. Greenleigh Associates, Inc., Diagnostic Survey of Tenant Households in the West Side Urban Renewal Area of New York City, New York – Washington – Chicago – San Francisco 1965.

[15] Vgl. D. K. Shipler, Owners and Union Ask Higher Rents, In: NYT, 20. 3. 70.

[16] Vgl. M. A. Reichman, Controls on Rent Not Basic Cause of Abandonments. In: NYT, 1. 3. 70, Section 8.

[17] Vgl. D. K. Shipler, Experts Attribute Housing Decay Here To Landlords' Fears. In: NYT, 22. 3. 70.

lichen Triebfedern dieser panikartigen Entwicklung scheinen anwachsende Kriminalität und Angst zu sein.[18] Auch könnte die verbreitete und tiefgehende Vertrauenskrise zwischen Mietern und Hausbesitzern ein weiterer, zum Aufgeben veranlassender Faktor sein.[19] Die Auseinandersetzungen um die beabsichtigte Änderung des Mietkontrollgesetzes in New York haben die Kluft zwischen beiden Parteien deutlich werden lassen. Diese Vertrauenskrise kann aber kaum durch eine Änderung der Mietkontrolle beeinflußt werden. Andererseits kann aber die Wohnungsmisere nicht gebessert werden, ohne daß private Investitionen mit Aussicht auf eine angemessene Rendite ermutigt werden. Diese Investitionen werden aber wieder nur dort gemacht, wo genügend Garantien für eine Werterhaltung oder Wertsteigerung in der Zukunft gesehen werden. Ist dagegen eine Nachbarschaft durch starke Bevölkerungsfluktuation gekennzeichnet, wie viele Slums, oder durch anwachsende farbige Bevölkerungsgruppen, die als labil diskriminiert werden, so unterbleiben private Investitionen. Viele Innenstädte sind aber gerade durch starke Bevölkerungsumschichtung und geringe Stabilität gekennzeichnet.

Bevölkerungsbewegung

1950 bis 1954 zogen 320 000 Farbige nach New York City, während im gleichen Zeitraum 416 000 Weiße fortzogen. Zwischen 1950 und 1960 sind insgesamt 1 300 000 Angehörige der weißen Mittelschicht in die Suburbs geflüchtet. Mit ihnen flieht das Kapital. Die Stadtverwaltung ist gezwungen, den Verlust an Steuergeldern durch erhöhte Besteuerung der Verbleibenden auszugleichen, was wiederum die Fluchttendenz verstärkt.[20]

Zwischen 1950 und 1970 sank der Anteil der Weißen an der Bevölkerung von New York City von 87 auf 70%, während die Neger und Puertoricaner in dieser Zeit von 1 Million auf 2,3 Millionen an-

18 Vgl. H. H. Rice, Crime Is Linked To Housing Drop. In: NYT, 22. 3. 70.

19 Vgl. D. K. Shipler, City Held Unable To Halt Housing Decay. In: NYT, 28. 2. 70.

20 Vgl. H. J. Perkinson, The Imperfect Panacea, New York 1968, Seite 95.

stiegen.[21] New Haven verlor seit 1950 20 000 weiße Einwohner und gewann 28 000 Farbige dazu.[22] Aus Boston zogen zwischen 1950 und 1960 104 000 Weiße fort. Der Anteil der Farbigen stieg von 5,3% 1950 auf ca. 20% 1970. In einem Stadtbezirk, Washington Park, war die Rassenumschichtung besonders kraß, denn 1950 lebten dort noch zu 70% Weiße, 1960 aber bereits zu 69% Farbige.[23]

Da auch Farbige, denen der Aufstieg in die Mittelschicht gelungen ist, sich dem Zug zur Suburb so bald wie möglich anschließen, bedeutet der geschilderte Umschichtungsprozeß einen ständigen Abfluß von Finanzkraft aus der Innenstadt und einen ständigen Zufluß von Armut und Bedürftigkeit. Dieser Entwicklungstrend wird durch Gettobildung und durch Diskriminierung verstärkt und führt in eine tief gespaltene Gesellschaft.[24]

Diskriminierung

Vorurteile sind wesentliche Faktoren in der Krise nordamerikanischer Städte. Die durch sie bedingte Angst entwertet Stadtteile beim Einzug von Farbigen, treibt zur Flucht in die Suburb. Mit dem Wertverlust sinkt das Interesse der Hauseigentümer an der Instandhaltung der Häuser. Farbige ziehen in die freigewordenen und bereits zum Abstieg bestimmten Häuser ein. Der bald sichtbare Mangel an Instandhaltung wird dann den farbigen Bewohnern angelastet und nicht dem Hauseigentümer, so daß das allgemeine Vorurteil, daß Farbige Wohnungen und Häuser ruinieren, scheinbar bestätigt wird.[25] Die Farbigen werden schlechthin mit verwahrlosten Häusern identifiziert. Darum wird der Einzug Farbiger in eine

[21] Vgl. New York Planning Commission, Plan for New York City 1969, Seite 5.

[22] Vgl. A. Talbot, The Lessons of New Haven – The Erstwhile Model City, In: psychology today, August 1968, Seite 25.

[23] Vgl. Boston Redevelopment Authority, Research Report Washington Park, Oktober 1969, S. 4.

[24] Vgl. National Advisory Commission on Civil Disorders, Summary of Report, New York o. J., S. 22.

[25] Vgl. Greenleigh Ass., A Plan to Reduce Prejudice and Discrimination in the Greater Milwaukee Area, N. Y. 67, S. 11.

weiße Nachbarschaft meist als massive Bedrohung und als Vorbote des sozialen Abstiegs empfunden. In der Tat führt diese Erwartung oft als „self-fulfilling prophecy" zum raschen Wertverlust der Nachbarschaft, zu einer neuen Wanderungsbewegung und damit bald zu neuer Slumbildung. Oft genügt die Anwesenheit von einigen wenigen diskriminierten oder auch echten Problemfamilien, um eine ganze Siedlung oder einen Stadtbezirk in den Augen der umliegenden Bewohner zu ächten.[26] Das wiederum führt dazu, daß die Geächteten sich den niedrigen Erwartungen ihrer Umwelt anpassen und sich gegen die Diskriminierung durch den Aufbau eigener Vorurteile panzern. So wurde zum Beispiel Harlem immer als Dschungel angesehen.[27] Die Bewohner Harlems, die somit zu primitiven Wilden erklärt wurden, wehrten sich mit dem Bewußtsein, daß Weiße schlechthin Ausbeuter und Kolonialherren seien. Diese gegenseitige Diskriminierung ist der eigentliche Motor der Gettoentstehung. Wer es sich irgend leisten kann, flieht aus dem diskriminierten Gebiet, während Arme und bereits diskriminierte Gruppen das entstehende Vakuum füllen. Ihre Wohnortwahl ist auf solche absinkenden Gebiete beschränkt. Kenneth B. Clark formuliert die Problematik in seinem berühmten HARYOU-Bericht „Youth in the Ghetto[28]:

„Die gegenwärtigen amerikanischen Gettos können in erster Linie als rassisch bedingte Einschränkungen der Wahl- und Bewegungsfreiheit definiert werden. Gettos sind Auswirkungen von äußerer Machtentfaltung gegenüber institutionalisierter Machtlosigkeit. Darum sind sie tatsächlich soziale, politische, erzieherische und vor allem ökonomische Kolonien."[29]

Ein Slumbewohner hat es einmal ähnlich ausgedrückt: „Die Leute werden ihnen sagen, dieser Block ist eine Festung. Seine Befestigungsmauern sind unsichtbar, sie sind im Bewußtsein (inside the mind) aufgebaut von den Leuten des Blocks und der Gesellschaft drumherum. Aber diese Mauern sind ebenso wirklich wie die aus Mörtel und Steinen; sie

[26] Vgl. N. Elias und J. L. Scotson, The Established and the Outsiders. London 1965, Seite IX, 78/79.

[27] Vgl. J. O. Killens u. a., Harlem Stirs, New York 1966, S. 5.

[28] New York 1964, dieser Bericht ist weitgehend identisch mit seinem späteren Buch „Dark Ghetto", New York 1965.

[29] ebd. S. 10.

halten 3000 Menschen eingeschlossen mit ihrer Angst und sie halten die meisten der außerhalb Wohnenden furchtsam fern.“[30]

Die fortschreitende Isolierung und die Erfahrung der Ablehnung führen zu einer zunehmenden Verschlechterung der Lebenssituation in Gettos.[31] Diese Verschlechterung befestigt wieder die unsichtbaren Barrieren und mündet so in einen Teufelskreis.[32] G. Osofsky führt die hohe Kriminalität, insbesondere unter den Jugendlichen Harlems, auf die sozialpsychologischen Folgen dieses Teufelskreises zurück. Harlems Jugend habe ein Gefühl der Unterlegenheit und der Unsicherheit entwickelt. Es mangele ihr an Selbstvertrauen, Selbstrespekt und dem Bewußtsein, auf eigenen Füßen stehen zu können und die gleichen Rechte zu besitzen wie jeder andere.[33] Die oft beschriebene Apathie der Slumbewohner, ihre Resignation gegenüber Möglichkeiten der Schicksals- und Umweltveränderung kann nicht auf genetische Ursachen zurückgeführt werden, sondern ist das Ergebnis einer lang erfahrenen Hoffnungslosigkeit und Diskriminierung.[34] Doch unterschwellig besteht der Wunsch nach Überwindung der Isolierung und nach Integration und Assimilierung in die übrige Gesellschaft.[35] Die schwarze Separatistenbewegung der Black Power versucht im Grunde, die faktische Isolierung ideologisch erträglich zu machen und die Selbstachtung der Neger durch die Besinnung auf die eigene Kultur und den eigenen Wert zu steigern. Obwohl diese Bewegung eigentlich ein Anachronismus ist, da sie stark an der Vergangenheit orientiert ist[36] und durch freiwillige Isolierung die Ohnmacht der Neger verstärkt, scheint sie ein notwendiges Durchgangsstadium und eine zwangsläufige Reaktion auf die vergeblichen Integrationsbemühungen zu sein. Die Besinnung auf die eigene Rasse führt unseres Erachtens

[30] R. Hammer, zit. in A. Kerber und B. Bommarito (Hrsg.) „The Schools and the Urban Crisis“, New York 1966, S. 99.

[31] Vgl. HARYOU, aaO, S. 12.

[32] Vgl. dazu auch G. Iben u. a., Kinder am Rande ... aaO, S. 19/20.

[33] Harlem: The Making of a Ghetto, New York 1963, S. 148.

[34] Vgl. hierzu auch die Selbstaussage eines Negers In: o. Autor, Crisis in America, New York 1968, S. 19 (Confronting the Experience of Being Black).

[35] Vgl. HARYOU, aaO, S. 11.

[36] Vgl. U. Hannerz, Soulside, New York, 1969, S. 198.

auch deswegen in die Irre, weil Vorurteile und Diskriminierung weniger ein Symptom des zweifellos sehr starken Rassismus sind, als vielmehr Ausdruck einer generellen Sozialschichtenproblematik und einer Abwehrhaltung gegenüber Gruppen, die in der sozialen Hackordnung unten stehen und nach oben drängen. Die heute gegen Neger geäußerten Vorurteile stimmen wörtlich überein mit den früheren Vorurteilen gegenüber Einwanderergruppen wie Iren, Deutschen, Italienern und anderen.[37] Faulheit, Trunksucht, Neigung zur Wohlfahrtsunterstützung, mangelndes Interesse an Selbsthilfe, Schmutz, Aggressivität und anderes finden sich als dauerhafter Bestand im Repertoire der Vorwürfe. Da diese Symptome unter ungünstigen Lebensbedingungen häufiger auftreten, dann aber als Ursache und nicht als Folge mißinterpretiert werden, nähren sie die ständige Reproduktion der Vorurteile.[38]

Der volkswirtschaftliche Schaden, der durch Diskriminierung entsteht, wird in den USA auf 30 Milliarden Dollar jährlich geschätzt. So sind zum Beispiel die Ausgaben für öffentliche Dienstleistungen in Wohngebieten von Minoritäten, das heißt in Slums, zweieinhalbfach höher als in anderen Wohngebieten.[39] Den Städten entstehen durch die Flucht der Mittelschicht zur Suburb riesige Verluste an Steuereinkünften. Die verlassenen Wohnungen werden durch arme Zuwanderer gefüllt, deren größere Kinderzahl die Stadt zu höheren Schul- und anderen Dienstleistungskosten zwingt. Diese sehr stark von Diskriminierung und Segregationstendenzen motivierte Wanderungsbewegung scheint in vieler Hinsicht zum Absterben großer Städte zu führen. Die dadurch entstehenden Verluste an Volksvermögen sind kaum zu schätzen. Obwohl es viele weiße Amerikaner nicht wahrgenommen haben, berührt die Getto- und Slumproblematik inzwischen die gesamte Gesellschaft.

[37] Vgl. Greenleigh Ass., aaO, S. 9/10.

[38] Vgl. M. Hunter, President's Income Plan for the Poor, In: New York Times 8. 4. 70, ferner o. Autor, Nixons Welfare Plan Attacked, In: NYT, 30. 4. 70, S. 22 (siehe Aussprüche Senator Russel B. Longs aus Louisiana). Die „Hühner in der Badewanne" und das „Heizen mit dem Treppengeländer" gehören anscheinend überall ins Vorurteilsrepertoir gegenüber Armen, denn wir fanden sie in den USA ebenso wie in Deutschland. Vgl. dazu auch N. Elias u. J. L. Scotson, aaO, S. 78/79.

[39] Vgl. Greenleigh Ass. aaO, S. 6/7.

Ökonomische Bedingungen in Slums

Es wurde bereits darauf hingewiesen, daß die Flucht der weißen Mittelschicht aus der Innenstadt zur Suburb auch eine finanzielle Austrocknung der verlassenen Stadtgebiete bedeutet.[40] Aber trotz der nachrückenden armen Bevölkerungsschichten haben sich diese Bezirke als ergiebige Finanzquellen für Hausbesitzer, Gebäudespekulanten und Geschäftsunternehmer erwiesen. Durch die Einschränkung der Wohnungswahl sind Farbige gezwungen, ungünstige Mietbedingungen einzugehen. Sie zahlen häufig für die gleichen Wohnungen 50% mehr Miete als Weiße.[41] Durch Unterteilen werden nicht selten aus einer Wohnung doppelte Mieteinnahmen gewonnen. Da oft auch Instandhaltungskosten gespart werden, ist Hausbesitz in Slumgebieten gewöhnlich ergiebiger als in anderen.

Da Arme auf Kreditgewährung angewiesen sind, eröffnet sich hier ein großes Feld für Zinswucher. Auch nehmen viele Geschäftsleute in Slums nicht nur überhöhte Preise,[42] sondern nutzen das „Anschreibenlassen" der Armen zu weiteren Aufschlägen. Die Verschuldung wiederum bringt die Bewohner in immer stärkere Abhängigkeit von bestimmten Ladeninhabern, wodurch ihnen Preisvergleiche unmöglich werden und der Konkurrenzdruck für den Kaufmann reduziert wird.

Der HARYOU-Report hat Harlems „Kolonialstatus" nachgewiesen und gezeigt, daß alles Geld aus Harlem herausfließt. Es gibt in Harlem kein größeres Geschäfts- oder Industrieunternehmen mit entsprechenden Investitionen. Fast alle Haus- und Ladenbesitzer sind Weiße und wohnen außerhalb. Nicht einmal das illegale Zahlenwetten wird von Bewohnern Harlems kontrolliert[43] und schon gar nicht die Rauschgifteinfuhr.

[40] Vgl. auch unseren späteren Abschnitt über das Verhältnis Innenstadt – Suburb, S. 37–39.

[41] Vgl. G. Osofsky, aaO, S. 92 und 136.

[42] Vgl. Nat. Advisory Commission on Civil Disorders, aaO, S. 14.

[43] HARYOU, aaO, S. 76. Dieser „Kolonialstatus" scheint auf viele Slums zuzutreffen. Vgl. Community Reneval Society, Toward Respansible Freedom, Chicago o. J. S. 7.

Der Arbeitsmarkt in den Cities und den städtischen Slums ist durch 2 Trends bestimmt: 1. durch die Abwanderung der Arbeitsplätze zur Suburb und 2. durch den Fortfall der Berufe für weniger qualifizierte Kräfte. Zwischen 1954 und 1963 verloren 40 untersuchte Innenstädte durchschnittlich 25 798 industrielle Arbeitsplätze, während in der gleichen Zeit die Suburbs 25 948 dazugewannen.[44] Ähnlich liegen die Zahlen beim Groß- und Einzelhandel und selbst bei den Dienstleistungen. Obwohl letztere als einzige ein Anwachsen in den Cities aufweisen, war dieses Anwachsen doch nicht einmal halb so groß wie das der Dienstleistungen in den Suburbs.[45] 85% der gesamten Arbeitsstellenvermehrung im großstädtischen Raum fiel auf Suburbs.[46] Dieser Prozeß der Verlagerung von Arbeitsstellen aus der Innenstadt heraus scheint sich noch zu beschleunigen.

Da die meisten Suburbs durch Bauvorschriften (zoning rules) nur Einfamilienhäuser auf großen Baugrundstücken zulassen, setzt sich die Bevölkerung einseitig aus Wohlhabenden und aus Mittelschichtangehörigen zusammen. Nur die ursprünglichen Farmer stellen eine kleine, oft ebenfalls sozial benachteiligte Gruppe dar. Der Trend zur Suburb ist ein tiefgreifender Selektierungs- und Segregationsprozeß, der ärmere und farbige Bevölkerungsgruppen ausschließt und damit in innerstädtische Gettos einmauert. Da keine Aussichten bestehen, daß in ihren ausgelaugten Stadtbezirken neue Arbeitsstellen, vor allem für weniger qualifizierte Arbeiter geschaffen werden können, wird das Leben in den Gettos immer aussichtsloser. Allein für Central Harlem rechnete Clark mit dem Verschwinden von 70 000 bis 80 000 Arbeitsstellen zwischen 1964 und 1970. Da bisher zwei Drittel der Arbeitsfähigen Harlems in den untersten Berufsgruppen beschäftigt sind und den meisten eine ausreichende Schulbildung für höhere Berufe fehlt und bei der Misere der heutigen öffentlichen Schulen auch noch lange fehlen wird, bietet

44 New York City verlor zwischen 1958 und 1964 9% seiner industriellen Arbeitstellen. Vgl. N. Y. City Planning Commission, Community Renewal Program. N. Y. 1965, Seite 13.

45 Vgl. J. F. Kain, The Distribution and Movement of Jobs and Industry, In: J. Q. Wilson, The Metropolitan Enigma, Garden City, N.Y. 1970, Seite 19/20

46 Vgl. D. K. Shipler, Agnew in Suburbs Speech, In: NYT 10. 3. 70.

der steigende Arbeitsbedarf bei Büroberufen und höheren technischen Berufen kaum eine Chance für Slumbewohner,[47] zumal das Überangebot an Arbeitskräften dazu geführt hat, daß oft akademische Qualifikationen verlangt werden, wo sie von der Sache her gar nicht nötig sind.[48]

Hierin liegt auch ein wesentlicher Grund dafür, daß die farbigen Bewohner und Zuwanderer in den nordamerikanischen Städten im Unterschied zu früheren Einwanderungsgruppen eine unvergleichlich schwierigere Arbeits- und Lebenssituation vorfinden.[49] Wer den Negern darum diese früheren Einwanderer, denen häufig der wirtschaftliche Aufstieg gelungen ist, als leuchtendes Beispiel vorhält, verkennt die veränderten gesellschaftlichen und ökonomischen Bedingungen, die guten Willen und Fleiß nicht mehr zwangsläufig belohnen.[50]

Der Prozentsatz der Arbeitslosen ist in den USA jüngst gestiegen, unter Weißen von 4,1 auf 4,3% und unter Farbigen von 7,1 auf 8,7%. Jugendliche unter 20 Jahren sind zu 16% arbeitslos. Die Zahl der Arbeitslosen schwankt aber je nach Wohngebiet stark. In der New Yorker West Side wurden zum Beispiel 19% Arbeitslose gezählt und in einem Chicagoer Slum sogar 48%.[51] Hinzu kommt, daß zahllose Arbeitnehmer unterbeschäftigt und viele Vollbeschäftigte unterbezahlt sind.[52] Die Unterbeschäftigten werden allein mit 10 Millionen angegeben.[53] 1,5 Millionen Arbeitsstellen in New York City werfen nicht den Lebensunterhalt für eine Familie ab

47 Vgl. HARYOU. aaO, Seite 250–254.

48 Vgl. J. Berg, Rich Man's Qualifications for Poor Man's Jobs In: IRCD Bulletin, März 1969 Seite 1

49 Vgl. Nation. Advisory Commission on Civil Disorders, aaO, S. 15

50 Die Volksweisheit „Anyone can make it if he just tries", stimmt darum nicht mehr. Vgl. C. L. Marburger, Vorwort in: B. W. Tuckman und J. L. Brian, Preparing to Teach the Disadvantaged. New York 1969, Seite 5

51 Greenleigh Ass. Diagnostic Survey of Tenant Households in the West Side Reneval Area of N.Y. City. New York, Washington, San Francisco 1965, Seite 85 u. Com. Reneval Society, aaO, S. 3

52 Vgl. P. Kihss, State Says Many Earn Under $ 100, In: NYT 22. 3. 70

53 Nation, Advisory Commission on Civil Disorders, aaO, Seite 24

und sind „dead end jobs that lead nowhere", aussichtslose Positionen.[54]

Im Kampf um die Arbeitsstellen sind Farbige nicht nur durch ihren Wohnsitz im arbeitsplatzfernen Getto benachteiligt, sondern vor allem durch die rassische Diskriminierung. Ein hochqualifizierter Neger, heute Leiter eines kompensatorischen Bildungsprogramms für farbige Schüler und College-Aspiranten, schilderte uns im Interview, wie er bei seinen telephonischen Anfragen von Betriebsleitern wiederholt als „genau der Mann, auf den wir schon lange warten" begrüßt, bei der persönlichen Vorstellung aber immer wieder abgewiesen wurde. Diese Diskriminierung bewirkt, daß Neger mit High-School-Abschluß in höherem Maße arbeitslos sind als weiße Schulversager (dropouts) und daß Neger mit College-Abschluß durchschnittlich weniger verdienen als Weiße mit nur High-School-Diplom.[55] Viele Arbeitgeber beschäftigen nur die vorgeschriebene Quote von Negern, weisen aber darüber hinaus auch hochqualifizierte Bewerber ab.[56]

Der Weg zu höheren Berufen ist ärmeren Berufsgruppen auch dadurch erschwert, daß das Lesen von Stellenanzeigen und die Bewerbungsschreiben eine gute Schulbildung verlangen, die meist in Slums nicht erworben werden kann. Auch fehlt es an Beziehungen und Bekannten, die Stellen informell vermitteln könnten. Ferner bedeutet das Suchen nach höheren Berufen gewöhnlich einen Ausbruch aus dem gewohnten Lebens- und Berufsmilieu und macht den Aufstrebenden einsam und schutzlos.[57]

Die Arbeits- und Berufssituation der innerstädtischen Slumbewohner wird weiterhin dadurch verschlechtert, daß einerseits die durch Diskriminierung eingeschränkte Wohnortwahl sie fern den neuen Arbeitsplätzen festhält und andererseits das öffentliche Transportwesen und Straßensystem nicht für einen Pendlerverkehr zu den neuen Standorten geeignet ist, wie überhaupt die geringe Be-

54 New York City Planning Commission, Plan for New York City 1969, A Proposal, Seite 9

55 Vgl. R. Hatcher, How it looks from the center of the city. In: Ch. Glock und E. Siegelman (Hrsg.), Prejudice USA, New York – Washington – London 1969, Seite 185

56 Vgl. HARYOU, aaO, Seite 267

57 Vgl. ebd., Seite 277/278.

siedlungsdichte der Suburbs ein effektives und rentables Massenverkehrssystem ausschließt. Eigene Wagen stehen den arbeitssuchenden Slumbewohnern aber selten zur Verfügung.

Die geschilderte düstere Arbeitsmarktsituation der innerstädtischen Gettos hält den überwiegenden Teil der Bewohner auf einem sehr niedrigen Einkommensniveau. D. P. Moynihan, derzeitiger Berater des Präsidenten, gibt die Zahl der Armen in großstädtischen Bezirken mit 17,2 Millionen an.[58] Da aber die Armutsgrenze mit 3200 Dollar jährlichem Einkommen bei vierköpfiger Familie für das Leben in Großstädten viel zu niedrig angesetzt ist, muß die Zahl derjenigen, deren Einkommen den Lebensunterhalt ihrer Familie nicht deckt, als wesentlich höher angenommen werden. Die 25% aller Arbeitnehmer, die wöchentlich weniger als 100 Dollar verdienen,[59] liegen zwar über der amtlichen Armutsgrenze, sind aber als echte Arme anzusehen. Erst mit einem Jahreseinkommen von 5500 bis 6000 Dollar können die Lebenshaltungskosten einer 4köpfigen Familie hinreichend gedeckt werden.[60] Die New York City Planning Commission bezifferte den Anteil der Haushalte, die unter 3000 Dollar einnehmen, für 1959 mit 24%.[61] Eine Befragung von 2473 Mietern in New Yorks West Side Urban Renewal Area ermittelte einen Einkommensdurchschnitt von 3540 Dollar. Bei 20,3% der Befragten reichte das Einkommen auch bei sehr bescheidener Lebensführung nicht aus. In Central Harlem sind die Einkommensbedingungen noch ungünstiger: 17% aller Familien hatten weniger als 2000 Dollar jährlich, die Hälfte aller Familien weniger als 4000 Dollar. Der Einkommensdurchschnitt lag bei 3480 Dollar, während er für New York City insgesamt mit 5103 Dollar beziffert wurde.[62]

Angesichts der verbreiteten Armut sind die kostenlosen Mittagessen im Rahmen der Vorschulprogramme des Headstart oder die Frühstücksprogramme der Black Panther oder Young Lords durch-

[58] Poverty in Cities, In: J. Q. Wilson (Hrsg.), aaO, S. 369

[59] Vgl. P. Kihss, aaO, o. S.

[60] Vgl. National Welfare Rights Organizatias, The Welfare Fighter, special Edition 1970 Adequate Income Now!

[61] New York City's Reneval Strategy 1965, Seite 12.

[62] Vgl. HARYOU, aaO, Seite 133/134.

aus notwendige Maßnahmen, um die verbreitete Unter- und Fehlernährung der Slumkinder zu bekämpfen.[63]

Die Armut der Slumbewohner ist aber nicht nur ein wirtschaftliches Problem, sie ist vor allem von psychosozialer Bedeutung. Inmitten einer Überflußgesellschaft, die ihre Verschwendung durch raffinierte psychologische Werbung zum Beispiel über das von Armen stark konsumierte Fernsehen auch den Slumbewohnern ständig anpreist, unter einer solchen dauernden Verführung ist Armut sehr viel schwerer zu ertragen als etwa in einer wenig entwickelten Agrargesellschaft. Auch sind Einkommensschwächere den Kampagnen der Werbepsychologie gegenüber anfälliger,[64] da sie oft weniger kritisch sind und den Statuswert von Konsumgütern überschätzen. Da diese aber weithin unerreichbar bleiben, vermittelt jede Werbesendung von neuem Frustrationsgefühle.

Armut ist daher zum wenigsten mit Geldmangel zu definieren, sondern mit der Erfahrung von Randständigkeit, von Ausgeschlossen- und Eingeengtsein. Letzteres wird in 4 verschiedenen Feldern erlebt: 1. in der Begrenzung der Erfahrungswelt auf die der Slums; 2. in der Erfahrung der völligen Machtlosigkeit (zum Beispiel gegenüber Polizeiwillkür und -brutalität); 3. in der Erfahrung der dauernden Benachteiligung im Daseinskampf (zum Beispiel bei der Arbeitssuche); 4. in der Unsicherheit ihrer Existenz.[65] Aus Geldmangel und Unkenntnis haben zum Beispiel nur etwa 50% der Armen eine Krankenversicherung. Eine Lebensversicherung kennen die wenigsten.[66]

Die widrigen Lebensverhältnisse sowie die Fremd- und Selbstisolierung zwingen die Armen, einen eigenen Lebensstil und ein in

63 Der Umfang von Unterernährung und seine enge Beziehung zur Armut hat der Arzt A. Schaefer mehrfach untersucht und publiziert. Er hob damit das Armutsproblem in das Bewußtsein vieler Amerikaner. Vgl. M. Hunter, Study Links Malnutrition and Poverty. In: NYT 28. 4. 70.

64 Vgl. L. G. Richards, Consumer Practices of the Poor, In: L. M. Irelan (Hrsg.) Low-income Life Styles, US Dep. of HEW, Washington DC. 1968, S. 71.

65 Vgl. dazu L. M. Irelan u. A. Besner, Low-income outlook on life, In: L. M. Irelan (Hrsg.), aaO, S. 2.

66 Vgl. L. G. Richards, aaO, S. 82.

mancher Hinsicht vom gesamtgesellschaftlichen abweichendes Normensystem zu entwickeln.[67] Der von O. Lewis geprägte Begriff der „culture of poverty“[68] ist insofern mißverständlich, als er wiederholt dazu verleitet hat, Armut romantisch zu verklären oder diesen Lebensstil als fixiert anzusehen. U. Hannerz, der studienhalber längere Zeit in einem Washingtoner Slum lebte, weist darauf hin, daß sich mit steigendem Einkommen der Lebensstil auch einem höheren Niveau angleicht, da auch Arme an denselben Werten orientiert sind wie die Mittelschicht.[69] Die Entstehung einer Subkultur ist daher als das Symptom einer gesellschaftlichen Pathologie anzusehen.[70] Nach L. Zeitz gleicht die Subkultur der Sozialbenachteiligten derjenigen unterdrückter Völker. Apathie und Aggressivität seien die wesentlichen Merkmale beider.[71] Das Inseldasein der Slums, die gemeinsame Situation und Frustration begünstigen die Entwicklung einer provinziell-dörflichen[72] oder einer Dschungelmoralität[73]. Letztere wird vor allem durch die übervölkerten Wohnungen und Nachbarschaften provoziert, da hier die notwendige soziale Distanz fehlt und die häufiger entstehenden Konflikte auf der Straße ausgetragen werden.[74]

Da in der Zusammendrängung von Armen Einzelprobleme sich häufen und potenzieren, entsteht der Eindruck, daß diese Merkmale genetisch oder historisch mit der Slumbevölkerung verbunden sind. So kam auch D. P. Moynihan in seinem Bericht über die

[67] Vgl. z. B. die instruktive Falldarstellung C. Jeffers, Living Poor: A Participant Observer, In: P. H. Glasser und L. N. Glasser (Hrsg.), Families in Crisis, New York Evanston, London 1970, Seite 18 ff.

[68] The Children of Sanchez, New York 1961.

[69] Vgl. U. Hannerz, aaO, S. 182/183, ferner L. M. Irelan und A. Besner, aaO, S. 5.

[70] Vgl. Gunnar Myrdal, zit. in U. Hannerz, aaO, Seite 195.

[71] Anthropologische Aspekte der Armut. In: B. W. Tuckman und J. L. Brian, Preparing to Teach the Disadvantaged. New York 1969, S. 24/25 aaO.

[72] Vgl. dazu besonders H. J. Gans, The urban villagers; group and class in the life of Italian-Americans. N.Y. 1962.

[73] Vgl. dazu die Literatur über Banden, z. B. H. Cohen, Delinquent Boys, Glencoe 1955, ferner G. D. Suttles, The Social Order of the Slum. Chicago, London 1968, besonders Teil 5: The Meaning of Morality.

[74] Vgl. G. D. Suttles, aaO, S. 90.

Negerfamilie zu dem Schluß, daß die vergangene Sklaverei der heutigen Negerfamilie den Stempel aufgedrückt und ihre matriarchalische Struktur, ihre Scheidungsanfälligkeit, die hohe Zahl der außerehelichen Geburten und anderes bedingt habe.[75] Gegen diese Hypothese spricht, daß sich hohe Korrelationen nachweisen lassen zwischen Einkommen einerseits und der Häufigkeit von alleinstehenden Müttern, von Scheidungen, von Gesundheitsproblemen und ähnlichem andererseits.[76] Die randständige Rolle des Mannes, sein häufiges Verlassen der Familie sind ebenfalls kein rassisches Merkmal, sondern Resultat seines niedrigen beruflichen Status'. Während Frauen als Dienstboten und Hilfskräfte immer gefragt waren und daher leicht Arbeit finden können, ist das Arbeitsangebot für Männer sehr viel ungünstiger. Wer aber seine Familie nicht ernähren kann, muß zwangsläufig an Selbstwertkonflikten leiden. Um ihnen zu entgehen, verläßt der Vater seine Familie. Die Auflösung der Negerfamilie, die auch lange Zeit durch die Wohlfahrtsgesetzgebung gefördert wurde[77], und ihr Matriarchat sind weithin gesellschaftlich bedingt. Auch arme weiße Familien zeigen in hohem Umfang die gleichen Desintegrationssymptome.[78] Die Familienstruktur schwankt stärker zwischen den verschiedenen Einkommensschichten als zwischen den Rassen:[79]

„Beschreibungen von weißen Familien mit sehr niedrigem Einkommen sagen das gleiche wie Beschreibungen der armen Negerfamilien. Mit ihrem hohen Anteil an zerbrochenen Familien, ‚Mutterdominanz', außerehelichen Geburten, erzieherischem Defizit, überfüllten Wohnungen,

[75] US Dep. of Labor, The Negro Family; The Case for National Action. Office of Policy and Research, Wash. DC 1965.

[76] Vgl. Greenleigh Ass., aaO, S. 14 u. 94 ff., ferner P. H. Glasser u. L. N. Glasser, aaO, S. 34.

[77] Nur Mütter ohne arbeitsfähigen männlichen Haushaltsvorstand erhielten Unterstützung. Diese Klausel ist vor einiger Zeit geändert worden. Vgl. L. Velie, Four Professors and the Welfare Revolution, In: Readers Digest, Jan. 1970, S. 94.

[78] Vgl. dazu auch Gerd Iben u. a., aaO, S. 13 ff., ferner den englischen Film „Cathy come home".

[79] Vgl. G. S. Goldberg, The Moynihan Report and its Critics: Which Side are you on? In: IRCD Bulletin Vol. II, No. 3 May 1966, bes. S. 5 und 6.

Drei-Generationen-Haushalten und der Unfähigkeit, die Normen des Mittelschicht-Verhaltens einzuhalten."[80]

Es ist kaum zu erwarten, daß Menschen, die man ihrer Armut wegen zu einem Getto- und Randdasein verurteilt, die in der Gesellschaft dominierenden Mittelschichtwerte voll realisieren können. Und doch werden sie daran gemessen und beurteilt.[81]

Welche Aussichten eröffnen sich für die innerstädtischen Armen durch den „War on Poverty" und durch ähnliche Anstrengungen zur Überwindung der sozialen Benachteiligung?

Das in den 30er Jahren gegründete *„Welfare-System"* hat sich als ungenügend erwiesen, da es durch seine Vorschriften viele Bedürftige ausschließt und mit seinen Untertützungssätzen weit unter dem Existenzminimum bleibt. „Es scheint stärker am Sparen als an den Bedürfnissen seiner Klienten orientiert zu sein."[82] Nur etwa 9 Millionen von mindestens 32,5 Millionen Bedürftigen erhalten Welfare-Unterstützung.[83] Die Nixon-Administration bezeichnet ihre derzeitigen Bemühungen um die Verbesserung des Wohlfahrtssystems als „revolutionär", weil es jeder vierköpfigen Familie ein Jahreseinkommen von 1600 Dollar garantieren will. Doch erst die Summe von 5500 Dollar würde ein ausreichendes Existenzminimum bieten, wie die National-Welfare-Rights-Organization nachweist.[84] Doch nicht wenige Politiker sehen bereits 1600 Dollar als

[80] ebd. S. 6, ferner D. G. McKinley, Social Class and Family Life, N. Y. 1964.

[81] Vgl. auch dazu L. Rainwater, Neutralizing The Disinherited – Some Psychological Aspects of Understanding The Poor, ERIC-Document Washington 1967, der 6 verschiedene Sichtweisen analysiert, unter denen Arme beurteilt werden: als unmoralisch, als krank, als geistig zurückgeblieben, als Anhänger einer Subkultur, als Helden und als normale Menschen. Keiner der Sichtweisen werde aber der Problematik wirklich gerecht. (Vgl. S. 26 ff.)

[82] National Advisory Commission on Civil Disorders, aaO, S. 26.

[83] Vgl. O. W. Swinney und J. Cox, Public Welfare in Housing. In: Welfare in Review, Juli-Aug. 1969, S. 19 und D. P. Moynihan, aaO, S. 369, ferner: L. Velie, aaO, Seite 95. (Dort ist von 26 Millionen Bedürftigen die Rede.)

[84] Vgl. o. Autor ... Nixon Welfare Plan Attacked ..., aaO, o. S. (Die USA geben in Vietnam alle 3 Sekunden 5500 Dollar aus, vgl. ebd.)

zuviel an, da so Arbeitsunlust gefördert und honoriert werde.[85] Dieses weitverbreitete Vorurteil, das bisher die Einführung einer angemessenen Sozialhilfe verhindert hat, wurde kürzlich durch ein vom U. S. Office of Economic Opportunity durchgeführtes „New Jersey Urban Experiment“ widerlegt.[86] In diesem dreijährigen 5-Millionen-Dollar-Projekt wurden zuerst 35 000 sozial benachteiligte Familien interviewt. Dann wurde eine Testgruppe von 1359 Familien ausgewählt (structured sample), in der rassisch, bildungsmäßig, beruflich und wirtschaftlich unterschiedliche Gruppen in bestimmten Anteilen vertreten waren. Alle hatten weniger als 5000 Dollar jährliches Einkommen. Die Unterstützungszahlungen wurden gestaffelt, um zu überprüfen, welchen Einfluß hohe und niedrige Summen haben würden. Eine Kontrollgruppe erhielt monatlich nur 20 Dollar und mußte dafür Berichtsbögen ausfüllen. Schon nach einem Jahr wurden vorläufige Ergebnisse des Versuchs ermittelt, da die im Kongreß wiederholt geäußerten Bedenken gegen ein verbessertes Wohlfahrtsprogramm nach begründeten Aussagen verlangte und darum das Ende der Studie nicht abgewartet werden konnte. Die Untersucher rechneten nach dieser kurzen Laufzeit nur mit unklaren Ergebnissen und waren überrascht, schon sehr deutliche Tendenzen feststellen zu können.

Als wichtigstes Resultat zeigte sich, daß die Behauptung, ein staatlich garantiertes Einkommen fördere Faulheit, klar widerlegt wurde, denn die unterstützten Familien arbeiteten ebenso hart wie vorher, und vieles wies darauf hin, daß sie sogar härter arbeiteten. Bei 53% dieser Familien stieg das Einkommen, während es bei nur 43% der Kontrollgruppe ebenfalls stieg. Selbst diejenigen, die durch wachsendes Einkommen das Recht auf Unterstützung verloren, ließen nicht in ihren Anstrengungen nach. Zur Erklärung dieses Verhaltens wurde argumentiert:

„Wenn solche Familien anfangen, etwas Tageslicht am Ende ihres langen, dunklen Tunnels zu entdecken, erweitert sich ihr Horizont; sie fangen an, sich mehr Dinge zu wünschen und an ihre Realisierung zu glauben,

85 ebd. und M. Hunter, aaO, o. S., ferner M. Friedeman, Welfare: Back to the Drawing Board, In: Newsweek, 18. Mai 1970, Seite 89.

86 Vgl. F. J. Cook, When You Just Give Money To The Poor, In: The New York Times Magazine, 10. 5. 70, S. 25 ff.

und sie streben nach Annehmlichkeiten, die sie bisher entbehren mußten."[87]

Aber das reicht kaum zur Erklärung aus. Nach den Aussagen der Befragten muß angenommen werden, daß auch unter den Armen eine starke protestantische Wertethik und eine Orientierung an Mittelschichtwerten vorherrscht.[88] Viele Äußerungen verrieten auch, wie verbreitet die Angst vor längerer Krankheit und die Furcht um den Arbeitsplatz sind. Ein garantiertes Einkommen kann diese ständige Angst mindern. In diesem Experiment zeigten sich auch keine Unterschiede im Arbeitsverhalten von Negern und Weißen. Ein positiver Effekt des höheren Einkommens auf die Familienstabilität konnte noch nicht beobachtet werden. Mit großer Sicherheit (95%) konnte abschließend festgestellt werden, daß garantiertes Einkommen die Arbeitshaltung nicht negativ beeinflußt[89], wie die Gegner eines effektiven Antiarmutsprogramms nicht müde werden zu behaupten.

Aber noch ist die amerikanische Gesellschaft weit davon entfernt, jedem Bedürftigen ein ausreichendes Einkommen zu garantieren, denn niemand ist gewillt, die dafür notwendigen Summen bereitzustellen. Die schon bewilligten Gelder versickern in hohem Umfang in einer aufgeblähten und umständlichen Bürokratie, die allein pro unterstützte Familie 200 bis 300 Dollar jährlich an Eigenkosten verschlingt.[90] Ein privates Versicherungssystem, wie es bereits vorgeschlagen worden ist[91], könnte vermutlich mit geringerem Aufwand bessere Leistungen anbieten. Dieses System könnte von der Mittelschicht mitfinanziert werden, die zweifellos daran interessiert ist, da eine unsichere Berufssituation auch viele Mittelschichtangehörige bedroht und jährlich eine Million von ihnen zu

87 Ebd., S. 111.

88 Vgl. ebd., S. 109 und 111. Dieses Ergebnis deckt sich mit den von uns bereits zitierten Aussagen anderer Wissenschaftler und mit unserer eigenen Auffassung.

89 Ebd., S. 112.

90 Ebd., S. 112, New York City mußte bereits im Jahre 1968 1,4 Milliarden für Wohlfahrtsunterstützung ausgeben, vgl. Jane Jacobs, The Economy of Cities, NY 1969, Seite 229.

91 o. Autor, Professor Proposes Insurance Plan as an Antipoverty Measure, In: NYT 18. 5. 70.

den Armen absinken läßt.[92] Die bisherige „public assistance" (Sozialhilfe zur Ergänzung nicht ausreichender Renten), die unterentwickelte Arbeitslosenversicherung (die „unemployment insurance" deckt höchstens 20% des Verdienstausfalls[93]), die von Staat zu Staat außerordentlich schwankenden Wohlfahrtssätze[94] und das System der Lebensmittelmarken (food stamps), das eher eine Konzession an überproduzierende Farmer als eine echte Antiarmutsmaßnahme darstellt,[95] sie alle sind nicht geeignet, Armut wirksam zu bekämpfen und zu überwinden.[96] Dagegen halten sie das Heer der Armen in einer demütigen und demoralisierenden Abhängigkeit, in der jede Form der Selbsthilfe entmutigt wird. Das Gefühl der Abhängigkeit und Hilflosigkeit wiegt in einer Gesellschaft besonders schwer, die Unabhängigkeit und persönliche Tüchtigkeit als höchste Werte seit den Pionierzeiten proklamiert.[97]

Der von J. F. Kennedy und L. B. Johnson begonnene „Krieg gegen die Armut" hat eine Reihe von überzeugenden Programmen entwickelt, die Bildungsmaßnahmen, Berufsausbildung, Arbeitsvermittlung, Kinderkrippen, Wohnungsbeschaffung, Gesundheitsfürsorge und anderes mehr umfassen, doch ist man über Anfänge der Realisierung kaum hinausgelangt.[98] Die ungenügenden Maßnahmen, die vergebliche Hoffnungen weckten, und die wiederholte Kürzung der notwendigen Gelder haben die Krisensituation oft nur verschärft. Es ist auch nicht zu erwarten, daß die in den nächsten

[92] Vgl. ebd.

[93] Vgl. G. S. Goldberg und C. Lopate, Strategies for Closing the Poverty Gap, In: IRCD Bulletin, Vol. V, No 2, März 1969, Seite 3–5.

[94] So zahlen 6 Staaten weniger als 99 Dollar monatlich für eine 4köpfige Familie und 11 Staaten zwischen 200–300 Dollar, die anderen liegen zwischen den Extremen. Vgl. o. Autor, Nixon Welfare Plan Attacked...., In: NYT 30. 4. 70.

[95] Vgl. M. Friedeman, aaO, S. 89.

[96] Eine vollständige Darstellung aller Programme bietet S. A. Levitan, Programs in Aid of the Poor for the 1970s. Baltimore – London 1969. Kirchliche Maßnahmen werden beschrieben in E. Greenwood. How Churches Fight Poverty, N.Y. 1967.

[97] Vgl. P. H. Glasser und E. L. Navarre, The Problems of Families in the AFDC Program, In: P. H. Glasser u. L. N. Glasser (Hg.), aaO, S. 59–61.

[98] Vgl. J. Herbers, Panel Favours Rise in Poverty Funds, In: NYT 25. 5. 70.

4 Jahren zusätzlich gebrauchten 45 Milliarden Dollar dem „Krieg gegen die Armut" zufließen werden, denn diesem Krieg fehlt die breite Unterstützung und ein Verständnis im Volk und bei den Politikern. Die Armen stehen außerhalb der politischen Tagesdiskussion und sind zu machtlos, um eine Herausforderung der Gesamtgesellschaft darzustellen.[99] D. P. Moynihan meint resignierend:

„Es gibt Zeichen dafür, daß der amerikanischen Gesellschaft sowohl der politische Wille als auch der soziale Einfallsreichtum fehlen, um den notwendigen Schwung aufzubringen und die Bildung jener, von Gunnar Myrdal beschriebenen ‚under class' zu verhindern."[100] „Die düsteren Arbeiterslums der marxistischen Lehre sind aus den nord- und westeuropäischen Demokratien weithin verschwunden, aber in den Vereinigten Staaten bestehen sie fort und werden schlimmer."[101]

Entgegen der Meinung S. Shrivers, des Direktors des U. S. Office of Economic Opportunity, der die Einkommensverteilung Amerikas mit der ähnlichen Dänemarks, Schwedens und Englands rechtfertigt[102], ist Moynihan der Auffassung, daß nur eine Einkommensneuordnung das Armutsproblem lösen könne, da alle bisherigen Maßnahmen keine Tendenzen zu größerer Gleichheit hervorgerufen hätten. Noch immer empfangen die untersten 20% der Bevölkerung nur 4 bis 5% des Gesamteinkommens.[103]

Die von Moynihan geforderte Einkommensneuordnung bleibt aber ohne tiefgreifende Veränderungen der amerikanischen Wirtschaftsstruktur eine bloße Utopie. C. W. Mills konnte nachweisen, daß die Einkommensverteilung dort am ungünstigsten ist, wo wenige Großunternehmen die Wirtschaftsstruktur einer Stadt bestimmen. Hingegen zeigen Städte mit einer Vielfalt von kleinen und mittleren Unternehmen eine ausgeglichenere Einkommensverteilung, weniger Slumbildung, bessere Schulen, mehr Interesse der Bevölkerung an der Lokalpolitik und eine größere Krisenfestigkeit der Gemeinde. Monopole zerstören nicht nur die schwächere Konkur-

[99] Vgl. J. C. Donovan, The Politics of Poverty, New York 1967, S. 141, ferner M. Harrington, The Other America. New York 1964, S. 12.

[100] Poverty in Cities, In: J. Q. Wilson (Hrsg.), aaO, S. 374.

[101] Ebd., S. 387.

[102] Er beruft sich auf S. Kuznets, Harvard University. Vgl. S. Shriver, Poverty, N.Y. 1965, S. 5.

[103] Vgl. D. P. Moynihan, aaO., S. 384.

renz und damit die Wettbewerbsordnung, sondern versuchen auch, Stadtverwaltung und Lokalpolitik zu ihren Gunsten zu manipulieren, so daß es häufig zu einer wirtschaftlichen und politischen Stagnation kommt, die wiederum als eine wesentliche Ursache des städtischen Niedergangs angesehen werden muß.[104] Die negativen Folgen der Monopolwirtschaft können durch einige großzügige soziale Leistungen mancher Konzerne keineswegs ausgeglichen, sondern allenfalls verschleiert werden.

Doch eine nationale Neuordnung der Einkommensverhältnisse scheint in den USA ebenso weit entfernt zu sein wie eine Lösung der städtischen Krise überhaupt. Die Gesetzgebung wird von den in steigendem Maße in Suburbs wohnenden Politikern bestimmt. Heute leben bereits 71 Millionen Menschen in Suburbs und in „central cities“ nur noch 59 Millionen. Das wirkt sich entsprechend auf die Sitze in den politischen Gremien aus. Während zum Beispiel im kalifornischen Senat 1960 nur 18% Vertreter der Suburbs waren, stieg ihr Anteil 1970 auf 47%. Und die Suburbia-Bewohner sind gewöhnlich der Stadt gegenüber ebenso feindlich wie die Farmer, so daß sich in der Gesetzgebung, besonders auch der Nixon-Administration, eine stadtfeindliche Tendenz immer deutlicher durchsetzt. So wird weiterhin das Bauen in Suburbs mit günstigen Hypothekengeldern aus Washington stärker angeregt, als alle anderen Programme das Bauen in den Städten fördern.[105] Auch werden große Summen zum Ausbau des suburbanen Schulwesens bewilligt und nichts für die wirklich bedürftigen Slumschulen. Ferner wird es von den Suburbs offen abgelehnt, sich an einer Finanzhilfe für die Städte zu beteiligen.[106] Die mehr als 900 000

[104] Vgl. E. Kefauver u. Mitarbeit v. I. Till, In wenigen Händen – Monopolmacht in Amerika, Frankfurt 1967. (Es handelt sich um die Ergebnisse eines von Senator Kefauver geleiteten Untersuchungsausschusses gegen Trust- und Monopolwesen. Unter anderem wird auch über die Untersuchung von C. W. Mills berichtet [S. 171–180].) Auch J. Jacobs weist die verhängnisvolle Rolle der Konzerne auf das Stadtleben nach. Vgl. The Economy of Cities, New York 1969, S. 85 ff.

[105] Vgl. National Advisory Commission on Civil Disorders, S. 27.

[106] Vgl. J. Rosenthal, The Year of the Suburbs: More People, More Power, In: NYT 21. 6. 70 und J. Herbers, Big-City Mayors Leave Conference Concerned by Shift of Power to the Suburbs. In: NYT 18. 6. 70.

weißen Mittelschichtangehörigen, die nach Schätzung des Census Bureaus seit 1965 jährlich die großen Städte verlassen, bilden eine „run away society“ und sehen ungerührt oder gar schadenfroh dem Sterben der Städte zu, denen sie rechtzeitig entflohen sind und die sie den Armen, den Alten, den Farbigen und der Arbeiterschicht überlassen haben. Selbst wenn sie weiterhin in der Stadt ihr Geld verdienen, täglich die städtischen Verkehrseinrichtungen und Annehmlichkeiten ausnützen: ihre Einkommensteuer fließt ausschließlich an ihren Wohnort. Es kann nicht erwartet werden, daß die Suburbs auch nur auf einen geringen Prozentsatz der Steuereinnahmen zugunsten der Städte verzichten werden.[107] Sie verurteilen die Stadt zum Absterben und übersehen, daß sie Glieder eines Leibes sind, ohne den auch sie zugrunde gehen. Die Kurzsichtigkeit dieser Einstellung und Politik trägt schon apokalyptische Züge.

Eine Neuverteilung der Steuereinnahmen zugunsten der Städte, die bisher zwei Drittel ihres Steueraufkommens an den Bund abführen müssen, um hinterher nur geringe Zuschüsse von Washington wiederzubekommen, würde auch einiges bessern.[108] Die Resignation gegenüber einer möglichen Sanierung der innerstädtischen Slums führt nun zu Plänen, die Slumbewohner mit Bundesmitteln in die Suburbs und damit zu den neuen Arbeitsstellen zu verpflanzen. Aber selbst Vizepräsident Agnews Eintreten für solche Ideen wurde nur mit Ablehnung beantwortet.[109] Doch auch wenn man nur versuchte, die Slums und Gettos auf dem jetzigen Stand zu halten und ihr weiteres Wachstum zu verhindern, müßten jährlich um 500 000 Farbige in die Suburbs ziehen. Zur Zeit sind es nur 74 000

107 Vgl. J. Rosenthal, Urbanists Find Suburbs Hostile To Cities Pinched for Money, In: NYT 22. 5, 70, ferner H. L. Hodkinson, education, interaction and social change. englewood cliffs new jersey 1967, S. 156. Trotz des Bevölkerungsschwundes sind die Verwaltungsausgaben der inneren Städte in den letzten 7 Jahren um 45% gestiegen, vgl. D. Netzer, Financing Urban Goverment, In: J. Q. Wilson (Hrsg.), aaO, S. 77.

108 Vgl. J. R. Lowe, Cities in a Race . . . , aaO, Seite 567.

109 Vgl. W. Weaver Jr., Agnew Advocates Suburban Drive to Aid the Slums, In: NYT 9. 3. 70 und W. King, Suburbia is Cool to Agnew Advice, In: NYT 10. 3. 70.

jährlich.[110] Da sich aber die Suburbs mit allen Mitteln gegen eine stärkere Zuwanderung Armer und Farbiger zur Wehr setzen,[111] kann die jetzige Entwicklung nur zu einer Verschlimmerung der Probleme führen: zu mehr Segregation, zu steigenden Verkehrsproblemen, zu weiterer Verarmung der innerstädtischen Bevölkerung und zu einseitigem Wohlstandswachstum in der Suburb.[112] Die Spaltung zwischen Stadt und Suburb ist so tief, daß selbst Neger, denen die Übersiedlung gelungen ist, sich ebenso stark von ihren städtischen Brüdern absetzen wie Weiße von Schwarzen.[113] Die suburbane Wohn- und Lebensideologie[114] verhindert das Verständnis für die soziale und städtische Krise und blockiert alle Lösungsversuche.

Bildungsprobleme[115]

Im Rahmen der städtischen Krise kommt der Bildungsproblematik ein zentraler Stellenwert zu. In der Vergangenheit wurde nicht sel-

110 Vgl. A. Talbot, aaO, S. 26.

111 Vgl. D. K. Shipler, U.S. Aide Attacks Suburban Zoning, In: NYT 17. 5. 70.

112 Vgl. A. Talbot, aaO, S. 26.

113 G. Cambridge sagt dazu: „Once this guy sees some grass, a few trees, and a clean street . . . he becomes so white he has to take Negro lessons in order to communicate with his own brother he left behind in Harlem." (Zit. in B. Gottehrer u. a., New York City in Crisis, New York 1965, S. 5.)

114 Vgl. hierzu H. J. Gans, The Suburban Community and its Way of life. In: ders., People and Plans, aaO, S. 132 ff., ferner A. C. Spectorsky, The Exurbanists, New York 1955 und C. J. Seely et. al., Crestwood Heights, New York 1956, E. Klugman, Suburban-Urban, Inter-Community Study, Vervielfältg. d. Center for Urban Education, New York 1970.

Wir selbst haben uns in Lexington bei Boston in die Struktur und Lebenssituation einer Suburb einführen lassen. Vgl. auch Annual Report of the Town of Lexington 1968.

115 Wir können an dieser Stelle nicht auf die grundsätzliche Bildungsproblematik der Unterschichten eingehen, sondern müssen uns wiederum auf einige strukturelle Probleme des innerstädtischen Schulwesens beschränken.

ten von der Schule erwartet, daß sie als ein Allheilmittel die soziale Krise überwinden würde.[116] Vor allem Neger sahen in ihr ein Instrument ihrer Befreiung und Gleichberechtigung. Doch erwies sich, daß die Schule die Probleme der Urbanisierung, Industrialisierung und Emanzipation allein nicht lösen konnte und häufig sogar zur Verschärfung der Konflikte beitrug (zum Beispiel durch Segregation).[117]

K. B. Clark gibt der Schule die Hauptschuld an der aussichtslosen Position der Slumkinder und versucht, dies an Schulversagerzahlen von Harlem zu belegen. Sowohl die Leseleistungen als auch die Leistungen im Intelligenztest würden von der dritten Klasse an absinken. Nur eine Minderheit der Schülerschaft erreiche Diplome am Ende der High School. Schüler mit bloßem Abschluß hätten kaum günstigere Ausgangspositionen als diejenigen, die die Schule vorzeitig verließen, nämlich zwischen dem 14. und 16. Lebensjahr (drop outs). Von den „drop outs" könnten nur 12% der Jungen und 31% der Mädchen normal lesen.[118] In seiner Analyse der schulischen Erziehungsbedingungen sieht er die Ursache des schwachen Leistungsniveaus vor allem in den niedrigen Erwartungen der Lehrer gegenüber den Schülern.[119] Hinzu komme Mangel an Verständnis und Feindseligkeit, fehlende Beratung und unzureichende Ausbildung der Lehrer. Wo es gelänge, ihre Erwartungshaltung zu ändern, etwa durch die Erklärung einer Schule zur Versuchsschule, zeigten sich sogleich Leistungssteigerungen der Schüler.[120]

Wenn auch Clark die negative Rolle der Slumschulen überbetont und dazu neigt, die übrigen Sozialisationsbedingungen in ihrer Wirksamkeit zu unterschätzen[121], so bestätigen doch auch andere

116 Vgl. H. J. Perkinson, The Imperfect Panacea – American Faith in Education 1865–1965, New York 1968.

117 ebd., S. 220.

118 Vgl. HARYOU, aaO, S. 161–186.

119 Zur Bedeutung der Erwartung des Lehrers für die Leistung des Schülers vgl. besonders R. Rosenthal und L. Jacobson, Pygmalion in the Classroom. New York u. a. 1968.

120 Vgl. HARYOU, aaO, S. 206–244.

121 Vgl. auch die Kritik, J. L. Rempsons, In: R. A. Dentler, B. Mackler, M. E. Warshauer (Hrsg.), The Urban R's – Race Relations as the Problem in Urban Education. New York, Washington, London 1967, S. 133.

Autoren das Versagen der innerstädtischen „Public Schools“ gegenüber den besonderen Erfordernissen ihrer Schülerschaft. Versagerquoten von 25–30%[122] trotz niedrigerer Anforderungen, „drop out“-Zahlen von 55%[123] und die hohe Quote der Halb-Analphabeten[124] sind Ausdruck dieses Versagens des Schulsystems.

Den Schülern eröffnet die Gettoschule auch bei guten persönlichen Leistungen kaum Zukunftschancen, denn selbst deren High School Diplomanden sind zu 48% arbeitslos.[125] Die schulentlassenen 16–21jährigen waren gar zu 59–70% arbeitslos, wie J. B. Conant ermittelte.[126] Diejenigen, die einen Arbeitsplatz fanden, erreichten nur 58% des durchschnittlichen Einkommens ihrer weißen Kollegen.[127] Unter diesen Berufsaussichten muß selbst eine ursprünglich starke Lernmotivation verkümmern, und es kann für Bildung auch durch zum Teil hervorragende kompensatorische Programme, wie etwa das „Upward Bound[128], nur wenig überzeugend geworben werden. Hier zeigt sich die enge Verknüpfung von wirtschaftlichen Bedingungen und Bildungsmotivation. Auch farbige Slumbewohner, die den Anschluß an höhere Einkommensschichten gefunden haben, schicken ihre Kinder nicht mehr zur „Public School“, sondern in Privatschulen. Das hat dazu geführt, daß die innerstädtischen „Public Schools“ nur noch von armen farbigen Schülern besucht werden.

122 Vgl. R. J. Havighurst, Metropolitan Development and the Educational System, In: A. Kerber u. B. Bommarito (Hrsg.), aaO, S. 50.

123 Vgl. New York City Planning Commission, Plan for New York City 1969, aaO, S. 13.

124 Vgl. J. Rosenthal, Functional Illiteracy Found High in U.S. In: NYT 20. 5. 70. 8,3% werden als Analphabeten bezeichnet und die Hälfte aller Erwachsenen könne keine Bewerbung schreiben und Fahrvorschriften verstehen.

125 Vgl. T. R. Sizer, The Schools in the City, In: J. Q. Wilson (Hrsg.), aaO, S. 344.

126 Social Dynamit in Our Large Cities ... In: A. Kerber und B. Bommarito (Hrsg.), aaO, S. 170.

127 Vgl. H. J. Samuels, Prejudice in the Marketplace, In: Ch. Y. Glock und E. Siegelmann (Hrsg.), aaO, Seite 151.

128 Vom Bund finanziertes Programm zur Verhinderung von High School drop outs und zur Förderung von College-Besuch durch sozial benachteiligte Schüler.

Diese Segregation und die Beschränkung der Gettoschüler auf den Umgang mit ausschließlich sozial benachteiligten Mitschülern wird von J. S. Coleman als die schwerwiegendste Schädigung bezeichnet[129]. Allein durch gemeinsamen Schulbesuch wurde die Differenz zwischen farbigen und weißen Kindern um 30% verringert,[130] und in integrierten Schulen zeigten Angehörige von Minderheiten signifikante Leistungssteigerungen.[131] Das aufgrund seiner Befunde begonnene Schulbussystem, mit dem Schüler aus segregierten in weiße Schulen gefahren wurden, um Integration zu fördern, ist inzwischen wegen des zum Teil handgreiflichen Widerstandes in einigen Südstaaten von Nixon eingestellt worden.[132] Obwohl es fraglich ist, ob die bloß äußere Integration durch ein solches Transportsystem den gewünschten Effekt besitzt, hat das Nachgeben Nixons der Integrationsbewegung außerordentlich geschadet. Die ambivalente Haltung der Nixon-Administration zur Integrationsfrage wurde auch deutlich, als jenen Eltern Steuerermäßigung zugebilligt wurde, die ihre Kinder in eigens für die Segregation gegründete Privatschulen schickten.[133] Die politische Führungslosigkeit in dieser wichtigen nationalen Frage ist um so bedauerlicher, als die vorher eingeleiteten gesetzlichen Integrationsmaßnahmen schon zu einer Änderung der öffentlichen Meinung zugunsten der Integration geführt hatten, so daß sich 1970 nur noch 16% von befragten Südstaatlern gegen integrierte Schulen aussprachen. 1963 waren es noch 61%[134] gewesen.

[129] Vgl. Equality of Educational Opportunity. Washington DC (US. Dep. of HEW, Office of Education) 1966.

[130] Vgl. J. Rosenthal, School Expert Calls Intergration Vital Aid, In: NYT 9. 3. 70.

[131] Vgl. D. K. Jessup, School Integration and Minority Group Achievment, In: R. A. Dentler (Hrsg.) aaO, S. 93.

[132] o. Autor, Gas Routs Whites Who Upset Buses At Carolina School, In: NYT 4. 3. 70.

[133] Vgl. o. Autor, A Brief for Injustice, In: NYT 18. 5. 70 ferner P. Watters, Southern Integrationists Feel Betrayed – by the North, In: NYT-Magazine 10. 5. 70, S. 26 ff., o. Autor, Mississippi Advances Bills to Aid Whites Fleeing Public Schools, In: NYT 8. 3. 70.

[134] Vgl. o. Autor, Poll Finds Gains for Integration, In: NYT 3. 5. 70 und J. Herbers, Attitudes of Whites on Negros Is Believed Moderating in Cities, In: NYT 20. 5. 70.

Es hat sich wiederholt gezeigt, daß die konsequente Durchsetzung von Integrationsmaßnahmen und höchstrichterliche Entscheidungen gegen Diskriminierung Vorurteile weit wirksamer überwinden als jede Form der Aufklärung und Belehrung.

Die zwangsweise Integration ist aber weniger erfolgversprechend als jener bereits von einigen Slumschulen beschrittene Weg, sie durch hervorragende Lehrer und gute Ausstattung auch für weiße Schüler attraktiv zu gestalten.[135] Deshalb schlägt auch Clark für Harlem avantgardistische Schulen und „Master Teachers" vor: „Diese Kinder müssen von den besten und erfahrensten Lehrern unterrichtet werden, denn das Herz jeder effektiven Erziehung ist geschicktes Lehren."[136]

Aber auch mit solchen internen Verbesserungen kann sich erfolgreiche Schularbeit nicht begnügen. Sie muß versuchen, das Lebensmilieu der Kinder und vor allem die Eltern in neuer Weise in die Schule einzubeziehen. Samuel Sheppards Bemühungen in St. Louis haben über die Kontakte zu den Eltern die Schulbesuchsquote und die Leistungen deutlich ansteigen lassen.[137] Zum anderen hat auch die Erfahrung vieler sozial benachteiligter Schüler und ihrer Eltern mit einem Schulsystem, das ihnen nicht gerecht wird und das Unterlegenheit und gesellschaftliches Versagen fortpflanzt, dazu geführt, daß militante Gruppen (zum Beispiel Black Panthers) und Nachbarschaftsorganisationen nach einer „sozialen Kontrolle" über die für sie zuständigen Schulen verlangen. Dieses Verlangen hat 1967 den New Yorker Lehrerstreik und anschließend Versuche

[135] Vgl. J. Herbers, aaO, o. S., weist auf einen Versuch in Webster Grove bei St. Louis hin, wo eine ursprünglich ganz schwarze Schule in wenigen Monaten auf diese Weise 40% weiße Schüler anzog.

[136] Vgl. HARYOU, aaO, S. 31 und S. 422–444, ferner S. Gordon, Primary Education in Urban Slums, In: R. A. Dentler u. a., aaO, Seite 199 und B. W. Tuckman J. L. O'Brian, Preparing to Teach the Disadvantaged. New York 1969.

[137] Vgl. L. D. Crow, W. J. Murray, H. H. Smythe, Educating the Culturally Disadvantaged Child. New York 1966, S. 273–276. Den Eltern wurde ein schriftliches Versprechen abgefordert, ihre Kinder entsprechend bestimmten Richtlinien intensiv zu fördern und eng mit der Schule zusammenzuarbeiten.

der Dezentralisierung der Schulverwaltung ausgelöst.[138] Diese Mitsprache und das Engagement ganzer Stadtbezirke für ihre Schule ist ein wichtiger Faktor im Kampf gegen Unterprivilegierung und zur Überwindung der kulturellen Benachteiligung. Doch sind solche Versuche bisher noch zu begrenzt und auch zu unterschiedlich verlaufen, um bereits als ein Weg aus der Misere des öffentlichen Schulwesens gelten zu können.

Ein anderer, ebenfalls vielversprechender Versuch ist die Einrichtung von »Community Schools", die als eine Art Sozialzentrum ganzjährig und ganztägig (bis abends um 22 Uhr) allen Bewohnern offenstehen. Die erste, 1962 in New Haven eröffnete „Conte Community School" kann inzwischen als ein erfolgreiches Experiment bezeichnet werden. Sie wurde zur Begegnungsstätte der ganzen Gemeinde von Wooster Square.[139]

Gesundheitsprobleme

Seit den Untersuchungen von Farris und Dunham in Chicago, Hollingshead und Redlich in New Haven[140] gilt es als erwiesen, daß Zusammenhänge zwischen Wohnlage und Sozialschicht einerseits und dem seelischen und körperlichen Gesundheitszustand andererseits bestehen. Häufungen seelischer Erkrankungen werden auf das Ausmaß sozialer Desintegration zurückgeführt.[141] Ohne Zweifel

[138] Vgl. dazu Center for Urban Education The Center Forum Vol. 3 No. 6, 15. 5. 1969. Community Control/Decentralization und die umfangreiche Bibliographie zum Thema S. 30 ff., ferner E. W. Gordon, Decentralization and Educational Reform, In: IRCD Bulletin Vol. IV u. V No. 5 und No. 1, Nov. 68 – Jan. 69, S. 1 ff.

[139] Vgl. G. N. Tirozzi, Conte Community School. New Haven 1967, ferner Paper von R. M. Goglia, The Community School. New Haven 1968. Mr. Goglia wurde von uns ausführlich interviewt.

[140] Vgl. H. Häfner, Seelische Erkrankungen und die Gesellschaft. In: Materia Medica Nordmark, Jan. 1968, S. 1 ff.

[141] Vgl. ebd., S. 7. Der Begriff „soziale Desintegration" wird gewöhnlich im Sinne eines Abweichens von dominierenden gesellschaftlichen Standards verstanden, schließt aber eine soziale Integration innerhalb einer Randgruppe (z. B. Bande) oder einem subkulturellen Milieu keineswegs aus. Vgl. dazu auch R. König, Soziologie, Fischer-Lexikon. Ffm 1962, Seite 17 ff.

lassen sich eine Vielzahl von Erkrankungen und die Häufigkeit ihres Auftretens mit gesellschaftlichen Faktoren in Verbindung bringen. So ist zum Beispiel das unzureichende medizinische Versorgungssystem in den USA ein wichtiger Grund für den schlechten Gesundheitszustand, vor allem der weniger wohlhabenden Bürger. Die mächtige „Medical Association" hat aus Standesinteresse die Ausbildung von Medizinern unter dem Bedarf gehalten, so daß selbst die Mittelschicht nicht ausreichend versorgt wird.[142] Die medizinische Behandlung ist außerdem so teuer, und die Hälfte aller Unterschichtangehörigen besitzt keine Krankenversicherung, so daß Kranksein für einen großen Teil der innerstädtischen Bevölkerung mit Verschuldung und sozialer Not einhergeht. Mit sinkendem Einkommen steigen daher die Gesundheitsprobleme.[143]

So ist zum Beispiel die Mortalität der Neugeborenen unter einem Monat bei farbigen Slumfamilien um 58% höher als bei weißen Familien.[144] Oder: Von 1000 lebend geborenen Kindern starben in Central Harlem 45,2 (in einem bestimmten Bezirk sogar 61,8), während die Zahl von New York City mit 25,7 angegeben wird. Clark bezeichnet die Kindersterblichkeit als den besten Index für den allgemeinen Gesundheitszustand.[145] Er nennt eine Reihe solcher Daten:

Tabelle I: Ausgewählte Gesundheitsindikatoren von 1960[146]
(bezogen auf 10 000 Einwohner)

Central Harlem		New York City
natürliche Todesrate	130,6	111,0
Kindersterblichkeit	488,7	262,0
Tod durch Lungenentzündung	7,1	4,5
Tod durch häusliche Unfälle	2,3	1,2
gemeldete Tuberkulosefälle	25,0	12,6
Geschlechtskrankheiten von Jugendlichen unter 21 J.	110,3	17,2[147]

142 Vgl. N. Y. Planning Commission, aaO, S. 12.

143 Vgl. Greenleigh Ass., Diagnostic Survey, aaO, S. 94 und L. M. Irelan, Health Practices of the Poor, In: L. M. Irelan (Hrsg.), aaO, S. 54.

144 Vgl. National Advisory Commission on Civil Disorders, aaO, S. 14.

Berücksichtigt man, daß die Zahlenangaben für New York City diejenigen von Harlem und anderen Slumgebieten mit umfassen und dadurch bereits höher liegen als normal, so sind die Unterschiede zu Central Harlem um so bemerkenswerter. Ein Vergleich mit Suburbs würde zu noch wesentlich größeren Differenzen führen.

Die Greenleigh-Association-Studie in der West Side Urban Renewal Area fand in 39,2% aller untersuchten Haushalte ernste körperliche und seelische Erkrankungen von längerer Dauer. 8% der farbigen und 50% der weißen Bewohner hatten seelische Leiden, doch weniger als die Hälfte dieser Kranken hatte je eine entsprechende Behandlung erfahren.[148]

Bedingt durch ihre Bildungs- und wirtschaftliche Situation ist der Gesundheitszustand einkommensschwacher Bevölkerungsgruppen gekennzeichnet durch größere Anfälligkeit, weniger Prävention, zu späte Behandlung und untaugliche Versuche der nachbarlichen Selbsthilfe (zum Beispiel mit alten Tabletten). Unwohlsein und leichtere Beschwerden werden nicht als Alarmzeichen erkannt und eine Behandlung wird zugunsten anderer Lebensprobleme hinausgeschoben.[149] Im Rahmen des „Krieges gegen die Armut" wurden darum auch Gesundheitsberatungsstellen (Community Health Centers, „Storefront Psychiatry")[150] eingerichtet, doch kann darin erst ein Anfang gesehen werden.

Ein besonderes Problem stellen die Suchtkranken dar. Die Zahl der Heroinsüchtigen wird für New York City mit über 100 000 angegeben, wovon mehr als die Hälfte in Harlem leben soll.[151] Der Süchtige und der Drogenhändler (Pusher) gehören zum Straßenbild der Slums. Viele Slumbewohner suchen den Ausweg aus ihrer wirtschaftlichen und sozialen Misere über den Drogengebrauch. Zur Deckung ihres Rauschgiftbedarfs sind viele zu Drogenhandel, Dieb-

145 Vgl. HARYOU, aaO, S. 146/147.

146 Vgl. ebd., S. 108.

147 Ebd., S. 146.

148 Vgl. Diagn. Survey, aaO, S. 92/95/96.

149 Vgl. L. M. Irelan (Hrsg.), aaO, S. 54/57, ferner U.S. Dept. of HEW, A City for Man. Washington 1969, Seite 9.

150 Vgl. J. Sibley, Storefront Psychiatry Helps Brooklyn's Poor, In: NYT 21. 4. 70.

151 Vgl. New York City Planning Commission, aaO, S. 12.

stahl und Raub gezwungen. Um die Drogenhändler zu vertreiben und besonders die Kinder und Jugendlichen auf den Straßen zu schützen, bildeten sich in einigen Slumnachbarschaften, so etwa in New Yorks Bedford-Stuyvesant, „Community Protection Organizations". Diese führen freiwillige Patrouillengänge auf den Straßen durch.[152] Über die Effektivität solcher Selbsthilfegruppen läßt sich noch nichts aussagen.

Ein weiteres Gesundheits- und Hygieneproblem bietet die Verschmutzung der innerstädtischen Umwelt. Die New Yorker Luftvergiftung hat einen Grad erreicht, der Erkrankungen der Atemwege zur Regel werden läßt und unter bestimmten atmosphärischen Konstellationen lebensbedrohlich ist.[153] Schuld daran sind unter anderem Versäumnisse hinsichtlich des gesetzlichen Umweltschutzes, so daß bis heute weder Abgasentgifter noch Kläranlagen gebaut wurden. Zum Beispiel nahmen bislang der Hudson und der nahe Ozean alle Abwässer ungereinigt auf, was zu einer weitgehenden Verpestung des Flusses und vieler Badestrände geführt hat.

Die Müllbeseitigung ist ebenfalls zu einem ernsten Problem geworden, besonders in den Slumgebieten quellen die Behälter über und die Straßen sind bedeckt mit Abfällen, Zeitungen und Verpakkungsmaterialien. Die Rattenplage ist trotz einiger Bekämpfungsaktionen kaum unter Kontrolle zu halten und allnächtlich werden schlafende Kinder gebissen. Küchenschaben und ähnliches Ungeziefer sind in den älteren Häusern so verbreitet, daß Vergiftungsaktionen den Menschen mehr zu schaden scheinen als dem Ungeziefer.

Die nicht ausreichende Müllabfuhr und der überquellende Unrat verleihen weiten Teilen von New York City einen trostlosen Anblick.[154] Die von dem böigen New Yorker Wind durch die Straßen

[152] Vgl. B. Campbell, 150 Said to Join Narcotics Patrols in Bedford-Stuyvesant, In: NYT 5. 3. 70.

[153] Wir selbst litten regelmäßig nach längeren Gängen durch Manhatten an nie zuvor gespürten Asthmaanfällen. Vgl. ferner: N. Mailer, Wir müssen es ändern. In: Merian New York, Hamburg 1970 Heft 9 IXXIII S. 16 ff.

[154] Dazu die Aussage einer Frau: „This street is so bad that when I get outside I feel sick at the filth and I have to come back inside and the house is terrible and I want to go back out again. My friends say to me, ‚Mildred you're looking bad!' And I say to them, ‚This is Vietnam.

gewirbelten Papiermassen deprimieren die Besucher, aber auch das „Sanitation Department“, das trotz der Beseitigung von täglich 24 000 Tonnen Müll nicht mit der verschwenderischen Produktion von Verpackungsmaterialien Schritt halten kann.[155] Einige Bürgeraktionen zur Säuberung und Verschönerung ihrer Stadtteile[156] sind ein hoffnungsvoller Ansatz im Kampf gegen diesen Schmutz, können aber die Überproduktion an Abfallmaterialien kaum wirksam eindämmen.

Im Jahre 1969 mußten außerdem 58 000 stehengelassene und verrottende Autos auf öffentliche Kosten vom Straßenrand entfernt werden. Und dennoch sind die Straßen voll solcher Wagen.[157] Ohne neue und umfassende Lösungen, zu denen auch die Abfall produzierende Industrie ihren Teil beitragen muß, werden die Städte an ihrem Schmutz ersticken und die Pollution wird die Flucht aus der Stadt beschleunigen.[158]

Kriminalität und Aufruhr

Zur Frage des Zusammenhangs von Slumentwicklung und Kriminalität liegt eine Fülle soziologischer und sozialpsychologischer Literatur vor.[159] Viele Autoren bemühen sich, Delinquenz und Kri-

Who can look good living in Vietnam?‘“ zit. in HUD, Challenge, Nov., Dez. 69, S. 3.

[155] Vgl. L. Fosburgh, City's Skies Are Viewed as A Huge Trash Can. In: NYT 24. 2. 70.

[156] P. L. Montgomery, City Beautifiers Have Rakes, Paint, Pansies and Hope. In: NYT 23. 5. 70.

[157] Vgl. E. C. Burks, ‚Bounty‘ for Junked Cars Urged. In: NYT 24. 2. 70.

[158] Vgl. dazu auch Henry Miller, Keine Träne für das tote New York, In: die Zeit 21. 8. 70, ferner R. Revelle, Pollution and Cities, In: J. Q. Wilson (Hrsg.), aaO, S. 96 ff.

Jane Jacobs fordert neue Industrien, die mit Profit die Abfälle der großen Städte als Rohstoffquellen auswerten könnten. Sie verweist unter anderem auf ein japanisches Verfahren, durch das gepreßter Müll mit Zement umgeben zu Baumaterial wird. (The Economy of Cities, NY 1969, S. 109–116.)

[159] Die jüngste und ausführlichste zusammenfassende Auswertung der amerikanischen Literatur zu diesem Thema bietet T. Moser, Ju-

minalität auf möglichst wenige Faktoren zurückzuführen.[160] Die besonders in Chicago entwickelte Theorie der kriminogenen Zonen, die von der City ausgehend in konzentrischen Kreisen nach außen abnehmende Kriminalität aufweisen, verbindet eine bestimmte geographische Lage im Stadtgebiet mit Kriminalitätshäufigkeit.[161] Doch sind die geographische Lage oder der bauliche Zustand für die Deliktquote vermutlich weniger ausschlaggebend als die Struktur, Fluktuation, Diskriminierung und soziale Benachteiligung einer Bevölkerung. Ein unmittelbarer Zusammenhang mit Einzelmerkmalen kann kaum nachgewiesen werden, schon gar nicht mit rassisch-biologischen Merkmalen, wie es etwa H. W. Jürgens versucht hat.[162] Am deutlichsten scheint hingegen die Korrelation mit der sozialen Schicht zu sein, die ja einen ganzen Merkmalskomplex umschreibt. Zu diesem Komplex gehören etwa niedriges Bildungsniveau und schwaches Einkommen, geringe Zukunftschancen, häufige Frustrationen, Randständigkeit des Mannes, das Ideal einer aggressiven Männlichkeit, Eckenstehergesellschaften, unstabile Bevölkerungsstruktur und allgemein niedriges Ansehen.[163]

gendkriminalität und Gesellschaftsstruktur Ffm 1970. Er bringt eine Fülle von wichtigen Daten über die Auswirkungen der Slumsituation auf Verhalten und Delinquenz.

160 Am bekanntesten wurden die Untersuchungen von S. und E. Glueck, Predicting Delinquency and Crime, Cambridge, Mass. 1959 u. diess. Jugendliche Rechtsbrecher, Stuttgart 1963, die delinquentes Verhalten aus wenigen Bedingungsfaktoren ableiten und prognostizieren. Vgl. dazu auch unsere Darstellung in G. Iben, Von der Schutzaufsicht zur Erziehungsbeistandschaft, Weinheim 1967, Kap. V u. VI (Prognosemerkmale).

161 Vgl. dazu C. R. Shaw und H. D. McKay, Juvenile Delinquency and Urban Areas, Chicago 1942 oder T. Morris, The criminal area – A study in social ecology, London 1957.

162 Vgl. dazu K. D. Opp, Zur Erklärung delinquenten Verhaltens von Kindern und Jugendlichen. Dt. Jugendinstitut München 1968, besonders Seite 175 ff.

163 Vgl. z. B. I. Spergel, Racketville, Slumtown, Haulburg. Chicago 1964. D. J. Bordua, Sociological Theories and their implication for Juvenile Delinquency, Children's Bureau an Wash. D. C. 1960 und S. Ru-

Geographische Faktoren lassen sich aber nicht ganz ausschließen. Da zum Beispiel Stadtkerne oft mehr Gelegenheit zur Kriminalität bieten und Slums häufig in ihrer Nähe liegen, diese wiederum durchreisenden Tätern leichter Unterschlupf bieten, sind solche Stadtkerne besonders kriminalitätsgefährdet. Die Verbrechensquote, die in den großstädtischen Räumen (metropolitan areas) dreimal höher ist als in Landgebieten, steigt in Slums und in ihrer unmittelbaren Umgebung nochmals an. Es fällt auf, daß Tatort und Wohnort des Täters meist eng beieinander liegen. Die meisten Verbrechen werden innerhalb der eigenen Nachbarschaft begangen. In 94% der Fälle gehören außerdem Täter und Opfer der gleichen Rasse an. Nach der Statistik ist die Furcht der Weißen vor der Negerkriminalität wenig begründet, da von den Farbigen die Rassenschranken selten übertreten werden. Auch sind Neger dreimal so häufig Opfer der Verbrechen von Weißen als umgekehrt. Der Negerkriminalität wird in der Öffentlichkeit viel mehr Aufmerksamkeit geschenkt, als ihr zukommt, zumal deutsche, italienische und polnische Einwanderungsgruppen unter ähnlichen Lebensbedingungen die gleiche Kriminalitätsquote aufwiesen.[164] Das belegt wieder, daß Kriminalität weder biologisches noch überwiegend geographisches Faktum ist, sondern Symptom einer bestimmten Lebenssituation. Für Central Harlem wurden hohe Korrelationen zwischen der Jugendkriminalität einerseits und andererseits dem Bildungsstand (– 0,78), dem Einkommen (– 0,60), dem Anteil an Hilfsarbeitern in der Bevölkerung (+ 0,64), der Scheidungshäufigkeit (+ 0,51) und der Zahl der Kinder unter 18 Jahren mit nur einem Elternteil (+ 0,47) berechnet. Die Korrelationen zwischen Delinquenz und übervölkerten oder verwahrlosten Wohnungen waren weniger hoch (je + 0,16).[165]

Häufig kann Kriminalität als nach außen gerichtete Aggressivität und als Ausdruck der frustrierenden Lebenssituation interpretiert werden. In Harlem ist die Mordziffer sehr viel höher als in

benfeld, Family of Outcasts – A New Theorie of Delinquency, New York – London 1965.

164 Vgl. M. E. Wolfgang, Urban Crime, In: J. Q. Wilson (Hrsg.), aaO, S. 270–298.

165 Vgl. HARYOU, aaO, S. 159.

ganz New York City (3,1 : 0,5 auf 10 000 Einwohner), in einem Bezirk sogar 15mal so hoch. Es fällt dabei auf, daß die Opfer dieser Gewalttaten meist Verwandte oder Freunde sind. Als ein weiteres Anzeichen pathologischer Lebensbedingungen kann die Zahl der Selbstmorde angesehen werden, die unter Negern selten, in einigen Teilen Harlems aber außerordentlich häufig sind. (New York City 9,7 und in drei Harlemer Bezirken 17,0, 18,0 und 21,0 auf 10 000 Einwohner.)[166]

In Slumgebieten ist die Neigung zu jugendlicher Bandenbildung gewöhnlich stärker als in anderen Wohngebieten, doch besteht kein zwangsläufiger Zusammenhang zwischen Bandenhäufigkeit und Jugendkriminalität. So besitzt zum Beispiel der Harlemer Bezirk mit der höchsten Jugendkriminalität keine Bande.[167]

Bei der Analyse der Deliktarten fällt auf – sieht man einmal von den Bereicherungsdelikten der Rauschgiftsüchtigen ab –, daß Kriminalität in Slumgebieten häufig ziellos und weithin nur Abreaktion gestauter Aggressionen ist. Schon geringe Konflikte führen zu Gewalttaten. Clark bezeichnet diese Kriminalität als „sinnlos, ohne Ziel und ohne Zweck".[168] Sie ist Ausdruck einer „subculture of violence"[169], jenes Klimas der Gewalttätigkeit, das Angst und Unsicherheit verbreitet. Die Angst ist dort besonders groß, wo durch Übervölkerung und ständige Wanderungsbewegung die nachbarliche Stabilität und soziale Kontrolle verlorengegangen sind. So ist zum Beispiel New Yorks Chinatown, die für ihre Stabilität und niedrige Kriminalitätsquote bekannt war, durch eine neue Immigrationswelle 1965 beunruhigt worden, denn ungefähr 25% der 45 000 Einwohner sind erst in den letzten 2 Jahren dazu gekommen. Gleichzeitig stiegen die Fälle von Raub, Taschendiebstahl und ähnlichem an.[170]

Aber die Angst vor Kriminalität bleibt nicht auf die Slumgebiete begrenzt, sondern breitet sich weit darüber hinaus aus. Nicht nur nahe Parks werden mit Einbruch der Dunkelheit zu ängstlich ge-

[166] Vgl. ebd., S. 149/151/156.

[167] Vgl. ebd., S. 143.

[168] Vgl. ebd., S. 143.

[169] M. E. Wolfgang, aaO, S. 298.

[170] Vgl. M. Schumach, Neighborhoods: Chinatown Is Troubled by New Influx. In: NYT 16. 6. 70.

miedenen Plätzen, sondern auch zentrale Geschäftsviertel sterben nach Ladenschluß völlig aus. Die wenigen Bewohner, die hier zwischen Bank- und Geschäftshäusern leben, wagen sich abends nicht mehr auf die Straße.[171] Die Furcht vor Verbrechern hält die Straßen leer und begünstigt damit wiederum Kriminalität. Auch hier wirkt eine „selff-fulfilling prophecy".

Aber selbst die einst so sicheren Suburbs wurden in den 60er Jahren zunehmend zu kriminogenen Zonen, vor allem für Überfälle und Einbrüche. 1969 wuchs hier die Kriminalitätsziffer stärker als in den Städten (13 zu 9%)[172]. Die geringe Besiedlungsdichte, die ausgedehnten und leeren Straßen und die isolierte Lage der Einfamilienhäuser sowie die geringen nachbarlichen Kontakte begünstigen Kriminalität.

Aber auch hohe Besiedlungsdichte ist kein Schutz vor Verbrechen. Die Zusammenballung von ärmeren Bevölkerungsschichten in riesigen städtischen Wohnbauten hat die Kriminalität so begünstigt, daß trotz großer Wohnungsnot viele dieser Wohnungen fluchtartig verlassen wurden und leerstehen. Die Bewohner des fast neuen „Pruitt-Igoe Public Project" in St. Louis flohen vor Vandalismus und Verbrechen zurück in alte Slums; das Gebäude zerfällt[173]. In Chicago ist der „Cabrini Housing Complex" aufgrund von Bandentätigkeit zum Schrecken der Bewohner und der Polizei geworden. Allein 1969 wurden 5 Personen in Bandenkämpfen getötet, 41 verwundet und im Juli 1970 zwei Polizisten erschossen. In 78 Wohnhochhäusern leben hier fast 18 000 Personen, zu 99% arme Neger. Die Angst ist so groß, daß von den Bewohnern gegenüber der Polizei oder auch gegenüber Selbsthilfegruppen keine Zeugenaussagen gemacht werden. Das einst begehrte soziale Wohnprojekt ist zu einem städtischen Alptraum geworden.[174] Die Anfänge einer

171 Vgl. P. Young, The Mean Streets of Newark After Dark In: New York Post, 10. 2. 70 und W. H. Waggoner, Newark Ghosttown After 7, In: NYT 27. 5. 70, ferner J. Jacobs, Leben und Tod großer ... aaO, S. 27 ff.

172 Vgl. J. Darnton, Strategems in Suburbs. In: NYT 23. 4. 70.

173 Vgl. J. Herbers, Inflation and Crime Fuel Public Housing Crisis. In: NYT 4. 6. 70.

174 Vgl. F. R. Ciccone, Cabrini Housing Complex Becomes a Nightmare for Chicago Policemen. In: Iowa City Press, 30. 7. 70.

wirksamen Selbstorganisation der Mieter wurden durch die Wohnungspolitik der Stadt gestört, da die natürlichen Führer, die oft auch bessere Berufschancen hatten, zum Auszug aus den städtischen Wohnungen gezwungen wurden, sobald sie ein etwas höheres Einkommen erreichten. So starb die Selbstorganisation an einem Mangel an Führungskräften.[175] Statt die Mieten jeweils dem individuellen Einkommen anzugleichen, wurde die Bewohnerschaft ständig künstlich „entmischt" und einseitig auf Arme beschränkt. Eine ungünstigere Wohnpolitik ist kaum denkbar.

Mieterorganisationen können zwar eine verfehlte Wohnpolitik nicht wiedergutmachen, doch vermögen sie dort, wo noch Grundlagen für eine Nachbarschaftsarbeit gegeben sind, durch Selbsthilfe Kriminalität wirksam zu bekämpfen. So konnten, nur wenige Blocks von dem genannten negativen „Pruitt-Igoe Project" entfernt in den „Martin Luther King jr. Wohnblocks" in St. Louis und im dortigen „Cochran Project" Sicherheitspatrouillen aus Bewohnern gebildet werden, woraufhin Beraubungen, Einbrüche, Rauschgifthandel und Vandalismus signifikant absanken. Dazu trug nicht nur die Respektierung der Patrouillen durch die Bewohner bei, sondern das neu gewonnene Zusammengehörigkeits- und Sicherheitsgefühl. Auch hat sich gezeigt, daß die Selbstverwaltungsgremien der Mieter häufig effektiver arbeiteten als die städtischen Verwalter.[176] Die Behörden und vor allem die Polizei stehen den Selbsthilfeorganisationen oft sehr skeptisch, wenn nicht ablehnend gegenüber. Berechtigt an dieser Skepsis ist, daß hier Ansätze einer Lynchjustiz entstehen könnten. Hinzu kommt, daß die Polizei den farbigen Slumbewohnern überwiegend feindlich gesinnt ist, wie sich an den zahllosen Polizeibrutalitäten gegen Farbige, der Ausbeutung von Kriminellen durch regelmäßige Annahme von Bestechungsgeldern und dem Verzicht auf wirksamen Schutz gegen Verbrechen ablesen ließ.[177] Als skandalös muß auch die Gerichtspraxis der hohen Kau-

175 Vgl. ebd. o. S., ferner o. Autor, Crisis in America, aaO, S. 20 ff.

176 Vgl. J. Herbers, aaO, o. S. und S. S. King, In Many Cities, That Man on the Beat in a Crime-Ridden Area May Be a Neighbor Assisting the Police, In: 3. 5. 70.

177 Vgl. dazu S. Endleman (Hrsg.), Violence in the Streets, Chicago 1968, besonders Kap. V (The Police), ferner: D. H. Bayley, H. Mendel-

tionen für Haftverschonung bezeichnet werden, da sie Arme offen benachteiligt. Von einer Mutter wurden 30 000 Dollar Bürgschaft verlangt, weil ihre Kinder an einem Schulprotest teilgenommen hatten. Ein durch Zufall verhafteter unschuldiger Mann sollte mit 10 000 Dollar bürgen, die er nicht aufbringen konnte.[178]

In einigen Städten ist man darum bemüht, das feindselige Verhältnis zwischen Polizei und Slumbewohnern durch eine Kooperation abzulösen. Dabei muß die Polizei lernen, nicht mehr überzureagieren und Gesetzesverstöße nicht mehr mit Brutalität zu beantworten, sondern echte Schutzfunktionen wahrzunehmen, um das Vertrauen der Slumbewohner zu gewinnen. Dieser an sich hoffnungsvolle Ansatz, der auch bereits positiv von Slumbewohnern beantwortet wurde, droht nun dem gesteigerten „law and order"-Denken wieder zum Opfer zu fallen, denn immer lauter werden in der Öffentlichkeit repressives Verhalten und Symptomunterdrückung gefordert.[179]

Besonders bei Unruhen in den Negergettos, aber auch gegenüber Führern der Black Panther Party zeigte sich immer wieder die Bereitschaft zu reinen Unterdrückungsmaßnahmen, wobei die Angstpsychose in den Reihen der Polizei und der Nationalgarde regelmäßig zu sinnlosen Schießereien und Negermorden geführt hat, die meist Unbeteiligte töteten.[180] Dabei ging es bei den Schießereien fast nie um den Schutz von Personen, sondern häufiger wurde auf Zuschauer bei Bränden und Plünderungen geschossen. Das Verlangen der Polizei nach Massentötungswaffen, wie automatischen und Maschinengewehren sowie Panzern, stieß bei der „National Advisory Commission on Civil Disorders", die Ursachen und Verläufe von Negerunruhen untersuchte, auf harte Kritik.[181] Diese Kommission kam zu den Ergebnissen, daß die Aufstände

sohn, Minorities and the Police. Confrontation in America. New York 1969.

[178] Vgl. Community Renewal Society, Toward Responsible Freedom (II), Chicago o. J., S. 18.

[179] Vgl. J. Rosenthal, The Cities: Police Role Shifting, In: NYT 18. 5. 70.

[180] National Advisory Commission on Civil Disorders, aaO, S. 3–10.

[181] Ebd., S. 18, ferner J. R. Brandt, Why Black Power u. 16–19 New York 1968, besonders S. 53 ff. und 103 ff.

Ausdruck langer Frustrationen, Diskriminierungen und zerstörter Hoffnungen sind und nur mit Reformen beantwortet werden können.[182] Sie sind nicht das Werk einzelner, sondern bezogen zuweilen bis 50% der schwarzen Bevölkerung der unruhigen Gebiete ein.[183] Oft genügten kleine Anlässe, wie die Verhaftung eines Jugendlichen, die mangelnde Müllabfuhr oder der Streit um einen zur Kühlung angestellten Feuerhydranten, um den gestauten Zorn in Demonstrationen und Brandstiftungen ausbrechen zu lassen.[184] So verschieden oft die Ursachen sind,[185] es stehen immer die gleichen ungelösten Probleme dahinter. Stets scheint nach den Unruhen eine Wendung zum Besseren in Aussicht, doch nichts ändert sich wirklich.

„Wenn Leute Unruhen und Brände entfachen, ernten sie viel Aufmerksamkeit, doch dann geht alles wieder wie vorher. Das Leben der Menschen hier hat sich nicht zum Besseren gewendet trotz aller Beachtung, die Brownsville von Zeit zu Zeit findet."[186]

K. B. Clark formulierte bei seiner Anhörung durch die National Advisory Commission on Civil Disorders:

„Ich las den Bericht über die Chicagoer Unruhen von 1919, und es war, als lese ich den Bericht des Untersuchungskomitees für die Harlem-Unruhen von 1935 und von 1943 und den Bericht der McCone-Kommission über die Unruhen von Watts. Ich muß Ihnen als Mitglieder dieser Kommission wieder mit besonderem Nachdruck sagen: es ist eine Art Alice im Wunderland – mit denselben immer wieder gezeigten Filmen,

182 Vgl. Auch S. Endleman, The Etiology of the Race Riot. In: S. Endleman (Hrsg.), aaO, S. 357 ff. ferner o. Autor, Crisis in America, aaO, S. 20/21.

183 Vgl. N. E. Cohen, The Los Angeles Riot Study, In: S. Endleman (Hrsg.), aaO, S. 334.

184 Vgl. T. A. Johnson, Brownsville Peers Through Haze of Rioting With Little Hope. In: NYT 14. 6. 70, R. D. McFadden, Hundreds in East Harlem Rampagne, In: NYT 15. 6. 70 und J. Lelyveld, Brownsville Erupts in Violence Over Huge Accumulations of Garbage, In: NYT 13. 6. 70.

185 Vgl. E. C. Banfield, Rioting mainly for and profit. In: J. Q. Wilson (Hrsg.), aaO, S. 313.

186 Zit. b. T. A. Johnson, aaO, o. S.

mit der gleichen Analyse, den gleichen Empfehlungen und der gleichen Untätigkeit.“ [187]

Es ist fraglich, ob gegenüber den Unruhen die empfohlenen „Sommerprogramme für die Slumjugend“ oder „Frühwarnsysteme“ eine beruhigende und präventive Antwort darstellen.[188] Solange nicht eine Neubesinnung und ein Umdenken der amerikanischen Öffentlichkeit und Politik neue Prioritäten zugunsten der Slumbevölkerung und für die Rettung der inneren Städte ermöglicht, wird die wachsende Verzweiflung zu immer neuen und heftigeren Aufständen führen und gemeinsam mit der härteren Repression einem selbstmörderischen Bürgerkrieg zusteuern.[189] Henry Miller kommt bei der Schilderung der gegenwärtigen Slumproblematik zu folgendem Schluß:

„Heute ... ist Armut völlig sinnlos; es gibt keine Entschuldigung dafür ... Die ‚Opfer‘ wissen, was verkehrt ist, wissen, daß man es morgen ändern könnte, wenn man nur wollte. Aber ihre Geduld ist zu Ende, sie glauben den Versprechungen derer, die sich als ihre Führer bezeichnen, nicht mehr. Sie sind auf Zerstörung aus, da alle anderen Auswege verbaut sind. Die Wolkenkratzer sind nicht ihr Stolz, die Raumfahrer auch nicht. Sie möchten nur saubere Luft atmen, unverfälschte Nahrungsmittel essen, in Wohnungen leben, die für Menschen geschaffen sind und nicht für Ratten und Gorillas. Ihre heutige Armut ist schlimmer als je zuvor, allen Wohlfahrtsprogrammen zum Trotz ... Vielleicht wird eines nicht fernen Tages die City nur noch ein riesiger Slum sein, nur noch bewohnt von Verachteten, Unterdrückten, Ausgestoßenen.“[190]

Man braucht nicht die visionäre Einbildungskraft eines Henry Miller zu besitzen, um die ausweglose Situation vieler Städte und ihrer armen Bewohner als Realität zu erkennen.

[187] Zit. in National Advisory Commission on Civil Disorders, aaO, S. 29.

[188] Vgl. P. Kihss, City Will Activate Urban Task Force's Early Warning System to Head Off Crisis in Communities, In: NYT 15. 6. 70.

[189] Vgl. dazu auch die ausführlichen Analysen in S. Endleman, aaO, Kap. I und IV, ferner G. Wills, The Second Civil War. Repr. v. Esquire 1968 o. S.

[190] Keine Träne für das tote New York. In: Die Zeit v. 21. 8. 70.

II. Programm zur Stadterneuerung und Slumbekämpfung

Programmentwicklung

Schon in der Mitte des 19. Jahrhunderts gab es in New York, bedingt durch starke Einwanderungswellen, Wohnungsnot und Slums, auf die *Jacob Riis* mit seinem Buch „How The Other Half Lives“[1] 1890 eine größere Öffentlichkeit aufmerksam machte. 1901 wurde zum Schutz der oft ausgebeuteten Mieter das erste »Tenement House Law“ in New York erlassen. Der nächste Schritt brachte 1926 das „Limited Dividend Housing Companies Law“, das Wohnungsbaugesellschaften durch öffentliche Hypothekengelder förderte, wenn sie verhältnismäßig niedrige Mieten garantierten. Doch hatte dieses Gesetz kaum praktische Konsequenzen. Erst die große Depression löste staatliche Maßnahmen zur Wohnungsbeschaffung aus und 1935 wurde in New York das erste Public Housing Projekt (städtische Sozialwohnungen) und zugleich das erste in den USA gebaut. Ende der 30er Jahre wurden in größerem Umfang Public Housing Projekte mit Hilfe von städtischen, staatlichen und Bundesmitteln möglich.

Gemessen an der bereits 100 Jahre vorher festgestellten Wohnungsnot, die sich durch die Zuwanderung von Negern seit 1900 verstärkte und bereits in ausgedehnten Slums niederschlug, kamen die Gegenmaßnahmen sehr spät. Schon 1930 war nach Osofsky Harlem das Musterbeispiel eines sanierungsbedürftigen Slums.[2] Aber erst 1942 kam es mit dem „Redevelopment Companies Law“ zu Ansätzen, die von dem „Federal Housing Act“ von 1949 weiterentwickelt wurden und mit den Ergänzungen von 1954 Grundlagen für eine Slumsanierung und Stadterneuerung legten.

1 New York, 1. Auflage 1890, 8. Auflage 1967, zum folgenden vgl. N. Y. City Planning Commission, u. a., New York Cities Renewal Strategy, New York 1965, S. 4 ff.

2 Vgl. G. Osofsky, aaO, S. 128.

Das erste Slumsanierungsgremium von New York, das „Slum Clearance Committee" unter Robert Moses, sah Slumbeseitigung vornehmlich als Abriß ganzer Blocks, Vertreibung der Armen und Erstellung von Luxuswohnungen. Nach harter öffentlicher Kritik wurde dieses Committee durch den „Housing and Redevelopment Board" abgelöst.[3] Die Novellierung des „Housing Act" von 1959 ermöglichte dann eine umfassende Planung zur Stadterneuerung, wobei sich die Einsicht durchsetzte, daß alle fragmentarischen Ansätze der Vergangenheit der Problematik nicht gerecht werden konnten, sondern ein Gesamtplan das ganze Gemeinwesen eines Erneuerungsbezirks erfassen müßte. 1960 erhielt New York eine erste größere Bundeshilfe.

Daß es angesichts der mehr als hundertjährigen Wohnungsnot New Yorks und seinem ständigen Defizit zwischen Bedarf und Angebot erst in den 60er Jahren zu ernsthaften Anstrengungen kam, kann nur als schwerwiegendes Versagen der amerikanischen Sozialpolitik bezeichnet werden. Die Rettung der Städte begann erst, als der Niedergang so weit fortgeschritten war, daß die Flucht der Bürger und des Kapitals die Stadt in eine tödliche Agonie gestürzt hatten. Dabei hatte die Settlementbewegung, vor allem Jane Addams in Chicago und andere Reformer, wie Jacob Riis in New York, bereits seit 1850 unüberhörbar nach einer sozialen Stadtplanung und Slumbekämpfung verlangt.[4]

Die von einigen liberalen Philantropen getragenen Wohnungsbauprojekte blieben vereinzelte Versuche, die gewöhnlich bei ersten Schwierigkeiten abgebrochen wurden. So investierte 1928 John. D. Rockefeller mehrere Millionen Dollar in Harlem, um mit den beispielhaften und architektonisch hervorragend gestalteten „Paul Laurence Dunbar Apartments" 511 Negerfamilien zu guten Wohnungen zu verhelfen (die Wohnungen sollten allmählich in den Besitz der Mieter übergehen). Doch als die Depression und Arbeitslosigkeit die Mieteinnahmen sinken ließen, verkaufte er das „erfolg-

[3] Vgl. New York City Planning Commission, aaO, S. 6, ferner J. R. Lowe, Cities in a Race ... with the Time. New York 1967, S. 45 ff. und S. 83.

[4] Vgl. R. M. Kramer, H. Specht (Hrsg.), Readings in Community Organization Practice. Englewood Cliffs, New Jersey 1969, S. 425, ferner: G. Osofsky, aaO, S. 53 ff.

lose" Projekt. Anscheinend mußte auch philantropisches Engagement Profit abwerfen. Aber andererseits war dieses Projekt für 511 Familien angesichts von 50 000 wohnungsbedürftigen Harlemer Familien ohnehin ein Tropfen ins Meer.[5]

Andere Städte, wie zum Beispiel New Haven, begannen frühzeitig mit einer umfassenderen Erneuerungsplanung. So legte das New Havener „Civic Improvement Committee" 1910 einen entsprechenden Plan vor, doch dauerte es bis 1957, bis mit der ersten Slumsanierung begonnen werden konnte.[6] Hier wurden dann einige Sanierungsmodelle entwickelt, die eine entsprechende Bundesgesetzgebung anregten.[7] Vor allem die New Havener Zusammenarbeit zwischen städtischen Behörden und Nachbarschaftsgruppen beeinflußte die „Citizen Participation"-Vorschriften im „Model City Program".

Doch welche Möglichkeiten bieten die in den Bundesgesetzen verankerten Stadterneuerungsprogramme heute?

Die ursprünglichen Erneuerungsprogramme sahen nur einen totalen Abriß von Slumgebieten und Wiederaufbau vor. In der Tat ist es am billigsten, so lange zu warten, bis ein Wohngebiet durch Verfall und eine hohe Quote von leerstehenden Häusern so entwertet ist, daß das Gelände von der öffentlichen Hand billig erworben und durch völligen Abbruch auch relativ ökonomisch wiederaufgebaut werden kann.[8] Diese billige Lösung ist aber inhuman und asozial, da bis zum Abriß viele Menschen unter unwürdigen Bedingungen leben müssen.

Die Novellierung des „Housing Act" von 1954 sah zum erstenmal Gelder für die Wiederinstandsetzung (Rehabilitation) von einzelnen Häusern oder Blocks in Slums oder in von Slumentwicklung bedrohten Bezirken vor.[9] Durch frühzeitige Maßnahmen konnte so die ständige bauliche Erneuerung und die Erhaltung von

5 Vgl. G. Osofsky, aaO, S. 155–157.

6 Vgl. New Haven Redevelopment Agency, A History of Urban Renewal in New Haven. Vervielfältigt. O. J., S. 1 und S. 4.

7 Interviews mit Norris Andrews. Dir. of Regional Plan und J. McGuerty, Dir. of. City Planning Dep.

8 Vgl. B. J. Frieden, The Future of old Neighborhoods, Cambridge, Mass. 1964, S. 121.

9 Vgl. New Haven Redevelopment Agency, aaO, S. 9.

Nachbarschaften angeregt werden. Auch kommt es dadurch weniger zur Vertreibung größerer Bevölkerungsgruppen. Die sogenannte „vest pocket"-Sanierung arbeitet nach diesem Prinzip, daß einzelne Bauten oder Blocks instand gesetzt oder wiederaufgebaut werden.[10] (Zu diesem Zweck wurde in Boston ein besonderes Bauverfahren mit Fertigteilen entwickelt, um in die Baulücken preiswert Neubauten einzufügen.)[11]

Welche Einzelmaßnahmen wurden durch die Erneuerungsgesetze möglich?[12]

1. Da es in Slumgebieten außerordentlich schwierig ist, private Bauherren für den Bau billiger Wohnungen für einkommensschwache Mieter zu gewinnen, ist nach wie vor das *„Public Housing"* Programm trotz aller Nachteile (Diskriminierung, einseitige Zusammensetzung der Bewohnerschaft) eine der wichtigsten Maßnahmen zur Wohnraumversorgung Armer. Da aber der Bau solcher städtischen Häuser bisher weit unter dem Bedarf blieb, sind die Wohnungsbehörden dazu übergegangen, auch Privathäuser zu pachten und an einkommensschwache Familien zu vermieten (Low-Rent Public Housing-Leasing). Außerdem werden zur Modernisierung älterer Public Housing Projekte Mittel bereitgestellt.

2. Da Banken gewöhnlich für Hausbesitz in Slumgebieten keine Hypothekengelder zur Verfügung stellen, bietet die Bundesregierung einen *Hypothekenversicherungsschutz* (Mortgage Insurance) an, um privates Bauen oder Wiederherstellen zu fördern. Diese Hypothekengarantie wird aber nur Miets- und Einfamilienhäusern gewährt, die an Familien mit niedrigem oder mäßigem Einkommen vergeben werden. Zum gleichen Zweck werden auch *Kredite mit sehr niedrigem Zinssatz* bewilligt (Interest Subsidy).

3. Mit Hilfe eines *Wohngeld*programms (Rent Supplement) können Familien in Mietwohnungen gelangen, deren Miete sie

10 Vgl. New York City Planning Commission, Plan for New York City, aaO, S. 14.

11 Vgl. Development Corporation of America, infill – A new concept in urban housing. Boston o. J.

12 Die folgenden Ausführungen stützen sich auf eine Flugblattsammlung und weiteres Informationsmaterial des U.S. Department for Housing and Urban Development in Washington, D.C.

nicht voll aufbringen können. Gewöhnlich sollen nicht mehr als 25% des Einkommens für Miete bezahlt werden.

4. Durch *Richtlinien* für einen *Mindeststandard von Wohnungen* (Housing Code Enforcement Program) können Hausbesitzer gezwungen werden, Wohnungen instand zu setzen oder zu erhalten. Von städtischen Wohnungsinspektoren werden Verstöße festgestellt und dem Hausbesitzer bestimmte Reparaturarbeiten in einem festen Zeitraum vorgeschrieben. Kommt er den Anforderungen nicht nach, kann er nach einer Anhörung und nochmaligen Frist verhaftet und bestraft werden. Außerdem kann sein Haus als „unbewohnbar" erklärt werden. Diese harten Maßnahmen sind gegenüber der verbreiteten Ausbeutung von Slumbewohnern notwendig und zum Beispiel in New Haven häufig angewandt worden.[13]

5. *Kurzfristige Verbesserungen in Slumgebieten* (Interim Assistance for Blighted Areas) sollen helfen, besondere Notstände sofort zu bekämpfen (zum Beispiel Wohnungen notdürftig reparieren), um so die Zeit bis zu grundsätzlichen Lösungen zu überbrücken.

6. Auch für die *Kosten des Abrisses* (Demolition Grants) stehen finanzielle Hilfen bereit.

7. Für *„Gemeinde-Erneuerung"* (Community Renewal) stehen ebenfalls Mittel zur Verfügung, die bei der baulichen, ökonomischen und sozialen Planung und Verbesserung eingesetzt werden können.

8. Demgegenüber sind die Mittel für die eigentliche *„Stadterneuerung"* (Urban Renewal Projects) enger auf bauliche Maßnahmen und ihre Folgen (zum Beispiel Neuansiedlung von Bewohnern und Geschäften) begrenzt.

9. Da die *Umsiedlung* (Relocation) ein besonders schwieriges Problem ist, sind auch dafür zusätzliche Mittel bestimmt.

10. Ein besonderes Förderungsprogramm unterstützt den Kauf von wiederhergestellten Häusern durch Familien mit niedrigem Einkommen, die Bildung von Wohnungs-Cooperativen und -Condominien und das Bauen durch gemeinnützige Bauherrn (Nonprofit Sponsors). Die Unterstützung wird in Form von technischer Bera-

[13] Vgl. E. A. Segal, A Slum Landlord Program – An Essential Ingredient in a Housing Code Enforcement Program. In: American Journal of Public Health. Vol. 58, No. 3, März 1968.

tung, von Hypothekenversicherungen und zinsfreien Darlehen gewährt.

11. Der umfassendste Versuch im Kampf gegen Slums und städtischen Abstieg stellt das *„Model City"*-Programm dar, das versucht, den gesamten Lebensbereich Stadt Erneuerungsimpulse zu vermitteln. Es verlangt, daß die sich bewerbenden Städte alle verfügbaren öffentlichen und privaten Hilfsquellen ausschöpfen und in einem langfristigen Gesamtplan koordinieren. Dabei müssen genau kalkulierte methodische Schritte zur Erreichung fest definierter Ziele angegeben und eingehalten werden. Eine der wesentlichsten Forderungen dieses Programmes ist die Einbeziehung der Bewohnerschaft des zu erneuernden Gebietes in die Planung und Durchführung (Citizen Participation).[14] 80% der Planungs- und Durchführungskosten von „Model City" können vom Bund übernommen werden. Bis zum August 1969 hatten sich 150 Städte und Bezirke als „Model City" beworben, jedoch ist es nicht einfach, die Bedingungen des Programms[15] zu erfüllen, denn durch umfangreiche Analysen müssen zuvor die Lebensbedingungen, das Erziehungswesen, die Berufschancen, die Einkommensverhältnisse, das Gesundheitswesen, die bauliche Struktur, die Kriminalitätsrate und vieles andere erforscht und sodann konkrete Vorstellungen zur Verbesserung dieser Bereiche entwickelt werden.[16] Gewöhnlich entstehen auf diese Weise umfangreiche Darstellungen und Bewerbungsunterlagen[17], die die intensive und vielschichtige Auseinandersetzung mit den Problemen eines Slumgebietes widerspiegeln. Das „Model City"-Programm erscheint als der verheißungsvollste Ansatz zur Lösung der städtischen Krise.

12. Zu den Förderungsmöglichkeiten des Bundes gehören auch Finanzierungen von wissenschaftlichen Untersuchungen und experimentellen Vorhaben, wie die Entwicklung neuer Baumaterialien

[14] Vgl. U.S. Dep. of HUD, Improving the Quality of Urban Life. Washington DC 1967.

[15] Die gesetzliche Grundlage für „Model City" bildet Title I des „Demonstration Cities and Metropolitan Developm. Act" v. 1966.

[16] Das Beispiel einer solchen Vorarbeit bietet die wiederholt genannte Studie v. Greenleigh, Ass. Diagnostic Survey, aaO.

[17] Die uns vorliegenden Teile I u. III des Model City Program von Buffalo im Staat N.Y. haben bereits mehr als 800 Seiten.

und billiger Hausformen. So ist »Operation Breakthrough“ als Anregung an die Bauindustrie gedacht, um sie zur Fertigung rationeller Baumethoden zu stimulieren.[18]

13. Auch die Einrichtung und der Ausbau von Nachbarschaftszentren gehören zu den förderungswürdigen Vorhaben. Diese Zentren dienen oft vielerlei Zwecken, wie der Erholung, der Gesundheitsberatung, der Sozialhilfe, der Arbeitsvermittlung und anderem.

In den geschilderten Maßnahmen und Programmen, vor allem auch bei „Model City“, wirken das U.S. Department of Housing and Urban Development und das Department of Health, Education, and Welfare zusammen.[19] Die Kooperation erstreckt sich auch auf das Office of Economic Opportunity und das Department of Labor. Darin zeigt sich, daß Stadterneuerung und der „Krieg gegen die Armut“ als eine Einheit begriffen werden, der man mit zersplitterten Maßnahmen nicht gerecht werden kann.

Da aber andererseits das Programm der Bundesregierung lediglich Anregungen und Finanzierungshilfen enthält, kommt es auf die lokalen und einzelstaatlichen Initiativen und Institutionen an, ob und in welcher Form die Angebote des Bundes in die Realität umgesetzt werden. Häufig sind die örtlichen Behörden nicht in der Lage oder willens, die Intentionen der Bundesgesetzgebung voll zu akzeptieren.

Der Staat New York hat mit der Gründung der „New York State Urban Development Corporation“ (UDC) ein Instrument geschaffen, das Slumprobleme effektiver angreifen kann als viele lokale Behörden. Diese Corporation wurde mit so viel Macht ausgerüstet, daß sie sogar Bestimmungen der Gemeinden, zum Beispiel die zoning rules der Suburbs, die oft Bauten für ärmere Bevölkerungsgruppen ausschließen, außer Kraft setzen kann.[20] New Yorks Bürgermeister Lindsay bekämpfte erbittert und vergeblich diese Kompetenz zum Eingriff in die „home rule“ der Gemeinden und

[18] Vgl. U.S. Dep. of HUD, Challenge, Nov.-Dez. 1969 „breakthrough“.

[19] Vgl. U.S. Dep. of HEW, A City for Man, Wash. D.C. 1969 und dass. mit U.S. Dep. of HUD, Strengthening Community Services in Low-income Neighborhoods, Wash. D.C. 1967.

[20] Vgl. N.Y. State Urban Development Corporation Annual Report 1969, S. 2.

entwarf als Gegenkonzept eine „Urban Bill of Rights".[21] So berechtigt seine Sorge über die Gefahr eines staatlichen Dirigismus ist, so notwendig erscheint andererseits die mit UDC geschaffene Möglichkeit, Stadtgrenzen zu überschreiten und lokalen Egoismus und diskriminierende Vorschriften ignorieren zu können. Edward Loque, Präsident und ausführender Präsident von UDC, der zuvor die „New Haven Redevelopment Agency" (1954 bis 1960) und anschließend die Bostoner Stadterneuerung (1961 bis 1967) leitete, ließ sich von Gouverneur Rockefeller nur zur Übernahme dieser Corporation bewegen, wenn sie mit außerordentlichen Vollmachten ausgestattet würde.[22] Um diese Machtbefugnisse von UDC zu beschneiden, wurden noch in jüngster Zeit von Vertretern der Suburbs 15 Gesetzesvorlagen eingebracht, von denen allerdings keine durch den Senat des Staates New York kam.[23] Da aber das Prinzip der Partnerschaft mit den Gemeinden und betroffenen Nachbarschaftsgruppen stark betont wurde, kann die potentielle Macht von UDC in den seltensten Fällen wirklich angewandt werden. Auch wurden bisher nur dort Projekte begonnen, wo die Gemeinden von sich aus Anträge stellten und sich bereit erklärten, die Bedingungen der Corporation einzuhalten.[24] Auch in New York City kam es inzwischen zu einer Zusammenarbeit mit der Lindsay-Administration

[21] Vgl. Ch. Bennet, Mayor has a Plan, Rivaling State's, to improve Cities, sowie „Text of Statement by Mayor Lindsay on his Proposal for an Urban Bill of Rights". In: NYT 7. 3. 68, ferner: R. Reeves, Lindsay Assails The Legislature, in: NYT 12. 4. 68 u. Ch. G. Bennet, Mayor Bids State Help Clear Slums, in: New York Times 17. 4. 68.

[22] „I wouldn't have taken the job if communities had been given the veto", zit. in I. Menzies, Bay State could learn from New York, in: The Boston Globe, 29. 3. 70.

[23] Vgl. D. K. Shipler, Failure of Key Housing Bill Hinders City Reforms, in: NYT 26. 4. 70.

[24] Im März 1970 waren bereits 24 Projektplanungen in 8 Städten begonnen worden. Vgl. Congressional Record, Vol 116, No. 3, Washington 4. 3. 70, The New York State Urban Development Corporation, S. 1. Diese Planungen umfaßten 27 211 Wohneinheiten. Vgl. Tabelle d. UDC-OPI vom 3. 4. 70.

und zur Planung großer Projekte wie der neuen Stadt auf Welfare Island[25], dem Harlem River Park Project und anderen.

UDC will sich vor allem dem Bau billiger Wohnungen widmen, vermeidet aber die Häufung von einzelnen Wohnungstypen. Nicht mehr als 20% der Wohnungen sollen für niedrige Einkommensgruppen bestimmt sein, 10% für alte Menschen und 70% für mäßige und mittlere Einkommen. Gleichzeitig sollen jeweils Möglichkeiten der Arbeitsbeschaffung und Einkommenssteigerung in die Planung einbezogen werden. UDC hat auch bereits den Bau von billigen Wohnungen in bisher dafür verschlossenen Suburbs sowie die Planung völlig neuer Städte in Angriff genommen.

Ob UDC auf längere Sicht einen entscheidenden Beitrag zur Lösung der städtischen Krise leisten kann, hängt nicht so sehr von der eigenen Konzeption als von der Bereitstellung der notwendigen Gelder durch die Bundesregierung ab. Denn obwohl UDC Schuldverschreibungen bis zu einer Milliarde Dollar ausstellen kann, verfügt es zum Beispiel nicht über Mittel, um Land aufzukaufen, zu erschließen und zu bebauen.[26]

Die Realität der Stadterneuerung und ihre Kritik

Nachdem im ersten Abschnitt dieses Kapitels die verschiedenen Stadterneuerungs- und Slumbekämpfungsprogramme und ihre gesetzlichen Grundlagen sowie mit der UDC ein Instrument zur Durchsetzung der Programme beschrieben worden sind, befaßt sich der folgende Abschnitt mit den Realisierungsproblemen und der Kritik an der Praxis der Slumsanierungen.

Die Anfänge des amerikanischen „Urban Renewal" sahen –

[25] Vgl. G. Fowler, State Will Try Its Hand At a Welfare Island Plan. In: NYT 2. 11. 69, A. L. Huxtable, This Time They Mean It. In: NYT 19. 10. 69, A. J. Yudis, N.Y. turning island into a new town. In: The Boston Globe, 2. 11. 69, und weitere Artikel. Außerdem Presseerklärung Bürgermeister Lindsays vom 9. 10. 69.

[26] Vgl. o. Autor, A superagency for urban superproblems. In: Business Week 7. 3. 70, ferner zu UDC: J. R. Lowe, The States: Will They Act To Save Our Cities? In: Think-Magazine, März–April 1970, S. 8 ff., State of New York, New York State Urban Development Act of 1968 (Complete Text), Albany, New York 1968.

wie bereits ausgeführt – nur den Abriß und Wiederaufbau ganzer Slumviertel vor. Da weder Maßnahmen zur zwischenzeitlichen Unterbringung der betroffenen Bevölkerung noch für deren Wiederansiedlung vorgesehen waren, kam es zu Härten und Mißständen, die auf eine Vertreibung der Armen hinausliefen.

Die frühen Sanierungsversuche basierten auf der Annahme, daß die Stadtentwicklung der letzten Jahrzehnte rückgängig gemacht werden könne, indem dort, wo bisher Arme lebten, wieder wohlhabende Bürger angesiedelt würden. So entstanden häufig anstelle der Slums Luxusbauten oder zumindest für Arme unerreichbare Wohnungen. Auch wurde auf noch gesunde Bausubstanz oder auf die Zusammensetzung und den Zusammenhalt von Nachbarschaften keine Rücksicht genommen.[27] Das „Slum Clearance Committee" von New York City provozierte einen Skandal, indem es noch bewohnte Slumgebiete privaten Bauherren übergab, die die Mieter weiter ausbeuteten, ohne wirklich zu bauen (Manhatten Tower-Skandal).[28] Oft führten auch Sanierungsprojekte zur Entstehung neuer Slums dort, wohin die Bewohnerschaft vertrieben worden war, oder zur weiteren Übervölkerung bereits bestehender Slums. Da es außer dem Public Housing kein eigentliches Bauprogramm für einkommensschwache Mieter gab, blieb es ganz den Banken und Baugesellschaften überlassen, was auf dem bisherigen Slumgebiet erstellt wurde.[29] Nicht selten benutzten Universitäten und andere mächtige Körperschaften Urban Renewal, um ihren eigenen Landbedarf auf Kosten der bisherigen Bewohner zu decken.[30] Schließlich steht auch ein großer Teil der Washingtoner Regierungsbauten auf ehemaligem Slumgebiet. Oft war es nicht die Slumproblematik selbst, die den Anstoß zu Urban Renewal gab, sondern

[27] Vgl. die frühe Kritik von J. Jacobs, Tod und Leben großer amerikanischer Städte, aaO, S. 13 ff. (die amerikanische Ausgabe erschien 1961), ferner: M. Anderson, The Federal Bulldozer – A Critical Analysis of Urban Renewal 1949–1962 Cambridge, Mass. 1964, B. u. E. Barron, The Inhumanity of Urban Renewal, Springfield, Virginia 1965.

[28] Vgl. B. Gottehrer u. a., aaO, S. 104.

[29] Interview mit B. Zimmermann vom Office of Economic Opportunity in Washington.

[30] Vgl. G. D. Suttles, aaO, S. 21 ff., ferner Interview mit der Woodlawn-Organization in Chicago.

die zentrale Lage der Slums, die für höhere Nutzung und Rendite reif zu sein schien.[31] Da Slumgebiete wenig Steuern einbringen und hohe öffentliche Dienstleistungen kosten, lag es nahe, sie durch Geschäftshäuser, Luxusappartements und kulturelle Zentren zu ersetzen. Auch wurden Unterschichtangehörige in ihrer Bedeutung für das Leben einer Stadt gewöhnlich unterschätzt, während die Mittel- und Oberschicht überschätzt wurden.[32] So notwendig es ist, daß Urban Renewal dazu beiträgt, die fiskalische Grundlage der Städte zu verbessern, kann doch die Erfolgsbilanz, das stark gestiegene Steueraufkommen, äußerst fragwürdig sein. So erhöhten sich zum Beispiel in dem Urban Renewal Bezirk von Portland, Oregon, die Steuereinnahmen zwar um 1500%, doch war die Erneuerung Portlands eine ausgesprochene „Bulldozer-Entwicklung", die die ursprüngliche Bevölkerung vertrieb und teure Wohntürme, Geschäftshäuser und ein College an ihre Stelle setzte.[33] In Kips Bay, New York City, wurden 1950 Slumhäuser durch teure Mietwohnungen ersetzt. Dadurch stiegen die Gebäudesteuern (real estate tax) von 205 000 auf 834 000 Dollar jährlich, während gleichzeitig die Dienstleistungskosten sanken.[34]

Auch im Westen von Manhattans Greenwich Village kam es zu dem bezeichnenden Versuch, ein zentral gelegenes Wohngebiet als sanierungsreif zu erklären, um auf billige Weise das angrenzende Geschäfts-, Finanz- und Bürozentrum erweitern zu können. (Wir werden an späterer Stelle noch auf den erfolgreichen Kampf der Bewohner von West Village um ihr Wohngebiet zu sprechen kommen.)[35]

In Manhattan sind inzwischen Boden und Bauen so teuer geworden, daß nicht einmal mehr Luxuswohnungen rentabel genug erscheinen und nur noch Bürobauten erstellt werden. Angesichts

[31] Vgl. H. J. Gans, People and Plans, aaO, S. 213, ferner: F. Heinze, Community Busters Inc., in: Urban Underground, Vol. 1, No. 3, März 1970, S. 2 und 3.

[32] Vgl. ebda, S. 213.

[33] Vgl. A. L. Huxtable, in Portland, Oregon, Urban Decay Is Masked by Natural Splendor, in: NYT, 19. 6. 70.

[34] Vgl. J. R. Lowe, Urban Renewal in Flux. New York 1966, S. 20/21.

[35] Vgl. J. C. Davies III, Neighbordhood Groups and Urban Renewal. New York – London 1966, S. 72 ff.

dieser Tatsache bleibt Public Housing die einzige Möglichkeit, um Arme mit erschwinglichem Wohnraum zu versorgen. Zwar wehren sich viele Nachbarschaften gegen große Public Housing Projekte[36], auch fühlen sich die Bewohner dieser Häuser selbst diskriminiert, aber es ist ihre einzige Chance, zu einer guten Wohnung zu kommen. Doch gibt es eine lange Warteliste, und bei dem jetzigen Bautempo wird erst in 50 Jahren dem Bedarf ein ausreichendes Angebot gegenüberstehen.[37] Obwohl der Kongreß mit dem „Housing Act" von 1949 den Bau von 810 000 Einheiten von Public Housing für die nächsten 6 Jahre beschlossen hatte, ist dieses Ziel nach nunmehr 21 Jahren noch immer nicht erreicht worden.[38] Zwar sind in New York City 8% aller Wohnungen Public Housing mit 151 000 Familien, doch stehen noch 135 000 Familien auf der Warteliste.[39] In Chicago warten 21 000, in Miami 8000, in Boston 2700[40], um nur einige Zahlen zu nennen.

Trotz dieses hohen Bedarfs sind einige neue Public Housing Projekte unbewohnt, weil die Angst vor Kriminalität die Menschen vertreibt. Hier setzt auch die härteste Kritik an Public Housing ein. Obgleich Wohnungsstandard und -größen als ausreichend und in vielen Fällen als gut bezeichnet werden können, haben die äußere Gestaltung, die Lage und die einseitig zusammengesetzte Bevölkerung das Image der Public Housing geprägt.[41] Häufig wurden Wohntürme gebaut. Da um sie herum ein leerer Freiraum vorge-

[36] So wandten sich auch Neger in einem Außenbezirk Clevelands gegen den Bau von Public Housing, da sie nicht von innerstädtischen Problemen, denen sie gerade entflohen seien, belastet werden möchten. Vgl. J. Herbers, Inflation and Crime, aaO, o. S.

[37] Wir wiesen bereits früher darauf hin, daß in NYCity 1969 nur noch 2000 Einheiten gebaut worden sind. Vgl. J. Herbers, Inflation and Crime, aaO, o. S.

[38] Vgl. J. Fischer, The Easy Chair, Notes from the Underground. In: Harper's Magazine, Februar 1970, S. 4.

[39] Vgl. D. K. Shipler, City Plans to Speed Housing for Poor, aaO, o. S., ferner: R. Starr, For Housing Policy Shift, aaO, o. S.

[40] Vgl. J. Herbers, Inflation and Crime, aaO, o. S.

[41] Vgl. auch unsere frühreen Ausführungen im Abschnitt „Kriminalität".

schrieben ist,[42] sind sie von der Nachbarschaft getrennt. Im Inneren des Hauses wirken sie durch die engen Flure und das Fehlen von Begegnungsräumen ebenfalls kommunikationsfeindlich, so daß sie für die Anknüpfung von Bekanntschaften und eine soziale Kontrolle weitgehend ungeeignet sind. Ferner begünstigt die aus Ersparnisgründen einfach und nüchtern gehaltene Fassade das Entstehen feindseliger Stimmungen.

Oft würden bereits wenig kostspielige Veränderungen genügen, um Kommunikation und nachbarliche Beziehungen zu fördern. So wurden im Rahmen des „Project for Security Design" Unterschiede in den Kriminalitätsquoten festgestellt, je nachdem, ob eine Baugestaltung Kommunikation ermöglichte (zum Beispiel durch erweiterte Flure, Fenster zum Flur, die Art der Parkanlagen und anderes) oder nicht.[43] Neuere Public Housing Projekte zeichnen sich darum auch bereits durch größere Vielfalt der Entwürfe aus.

Ein besonderes Problem liegt aber nach wie vor in der einseitigen Zusammensetzung der Bewohnerschaft, aus der durch jährliche Einkommensüberprüfungen ständig die aufstrebenden und mobileren Familien ausgesiebt werden. Das schafft eine Situation, in der Armut und Aussichtslosigkeit sozusagen Pflicht sind. Werden aus einer Nachbarschaft oder Hausgemeinschaft fortlaufend die Tüchtigen und Erfolgreicheren aussortiert, so kann keine Identifikation mit einem höheren Lebensniveau entstehen. Die permanente Entmutigung und der künstlich niedrig gehaltene Status der Bewohner von Public Housing sind fruchtbarer Nährboden für Kriminalität.[44] Diese läßt sich auch nicht dadurch verhindern, daß man durch bestimmte Aufnahmekriterien Problemfamilien am Einzug hindert. So werden zuweilen Familien mit außerehelichen Kindern oder mit abwesendem Vater ferngehalten, obwohl sie einer solchen

[42] Vgl. D. H. Elliot, The role of design in the govermental process, In: Arch. Rec., Jan. 68.

[43] Das Projekt „Security Design", ein dem Columbia University Teachers College angeschlossenes Institut, das wir besuchten, befaßt sich mit entsprechenden Verbesserungen an bestehenden und geplanten Public Housing. Vgl. dass. Design For Improvement of Security in Urban Residential Areas. N.Y. 1970.

[44] Vgl. dazu auch H. Salisbury, The shock-up generation. London 1958.

Unterbringung am meisten bedürfen.[45] Solange aber allein in New York City jährlich fast 100 000 Aufnahmeanträge gestellt werden[46] und andererseits gegenwärtig weniger als 2000 Einheiten im Jahr gebaut werden, wird man immer die weniger schwierigen Familien auswählen.[47]

Das Grundproblem der Public Housing ist aber der von uns wiederholt angesprochene Fehler, arme und meist kinderreiche Familien in riesigen „Wohnsilos" und inmitten wirtschaftlich und sozial stagnierender oder absinkender Stadtviertel zusammenzudrängen.[48] Die Alternative, der Bau kleinerer Einheiten von Public Housing in guten Wohngebieten und Suburbs, wird erst in jüngster Zeit diskutiert.[49] Doch sind hier die Widerstände der in günstigen Wohnlagen ansässigen Mittel- und Oberschichtangehörigen so massiv, daß eine größere Verlagerung der Public Housing Projekte aus den Slumgebieten heraus als kaum realisierbar erscheint. Doch nur diese Lösung könnte die notwendige Bevölkerungsmischung und die Verbindung zu neuen Arbeitsplätzen herstellen und so das Slumproblem wirksam bekämpfen.

Jedoch stehen solchen Überlegungen nicht nur Vorurteile entgegen, sondern auch Vorschriften, die nicht erlauben, daß Public Housing auf teurem Baugrund errichtet wird und die Gesamtkosten ein bestimmtes Niveau überschreiten. Diese Kosten dürfen nicht mehr als 55% derjenigen für frei finanzierte Bauten betragen. Eine solche Begrenzung hält Public Housing auf wertlosem Slumgelände

45 Vgl. Aufnahmekriterien in: Greenleigh Ass., Diagnostic Survey, aaO, S. 113 und 123, ferner: J. R. Lowe, Urban Renewal in Flux, aaO, S. 98.

46 Vgl. New York City Housing Authority, Information, NY 1968 o. S.

47 So leben auch nur 7% aller amerikanischen Wohlfahrtsempfänger in Public Housing. Vgl. O. W. Swinney und J. Cox, Public Welfare in Housing – A Report to the Congress. In: Welfare in Review, Juli – August 1969.

48 Zur Situation in Public Housing vgl. auch G. Scherner Ass., More Than Shelter. National Com. on Urban Problems, Washington, 1968 Research Rep. N. 8.

49 Vgl. J. Herbers, aaO, ferner: o. Autor, Change Foreseen on Public Housing, In: NYT 28. 4. 70.

fest und zwingt angesichts steigender Baukosten zu einer in Zukunft eher primitiveren Bauweise als in der Vergangenheit. S. Golar, Leiter der New York City Housing Authority, klagt Washington an, mit diesen Bestimmungen, mit der gleichzeitig die Empfehlung zu höheren Mietpreisen verbunden ist, den Grabstein für Public Housing gelegt zu haben. Die finanzielle Begrenzung „wirft uns mehr als 30 Jahre in jene Tage zurück, als wir Häuser für die Armen ohne Kammertüren und ohne Toilettensitze bauten".[50]

In dieser Sozial- und Baupolitik kommt erneut der Widerstand der Lobbygruppe der Hauseigentümer zum Ausdruck, die seit den 30er Jahren größere Anstrengungen auf dem Sektor der Public Housing verhindern konnte. Da auch Public Housing Projekte von vielen als Horte der Kriminalität angesehen werden, bewilligte der Kongreß nicht mehr als 35 000 Einheiten jährlich.[51] Aber auch diese Rate ist vermutlich nie erfüllt worden.

Statt dessen wurde aus den Kreisen der Opposition gegen Public Housing schon vor 40 Jahren die Einführung eines Wohngeldes (rent subsidies) angeregt,[52] das die Differenz zwischen der geforderten und der vom Einkommen her möglichen Miete überbrücken sollte. Obwohl dieser Vorschlag auf die Bereicherung der Hausbesitzer zielte, erscheint er doch als eine sozialere Lösung als die der Public Housing, da er die Integration Einkommensschwacher in normale Wohnprojekte ermöglicht. Doch kann dieses System nur bei einem ausgeglichenen Wohnungsmarkt wirksam werden. Bei Wohnungsknappheit führt es zu einer gleichzeitigen Ausbeutung von Staat und Armen. Da außerdem lokale Behörden gegen die Zuteilung von Wohngeld ein Veto einlegen dürfen, besitzen sie hierin eine weitere Handhabe, einkommensschwache Gruppen aus der Gemeinde fernzuhalten.[53]

Neben dem geschilderten Public Housing- und Wohngeldpro-

[50] Zit. von D. K. Shipler, Golar Criticizes Nixon on Housing. In: NYT 8. 5. 70.

[51] Vgl. H. J. Gans, aaO, S. 267/268.

[52] Vgl. New York City Planning Commission. NYC. Renewal Strategy 1965, aaO, S. 46.

[53] Vgl. B. J. Frieden, Housing and National Goals ... In: J. Q. Wilson, aaO, S. 218.

gramm wurde versucht, mit Bundesmitteln die Erstellung billiger Wohnungen durch gemeinnützige (non profit) Baugesellschaften zu fördern. Besonderes Aufsehen erregte das Vorhaben der Stanford University in Kalifornien, auf universitätseigenem Gelände bis zu 2000 Wohneinheiten für Randgruppenangehörige zu bauen, denn in weitem Umkreis gab es bislang weder Public Housing noch ähnliche Projekte, da diese gesetzlich von der Zustimmung der Gemeinden abhängig gemacht worden waren. Die heftigste Opposition gegenüber den verdienstvollen Plänen der Universität kam aus dem nahen wohlhabenden Palo Alto, das eine Ansiedlung von Minoritäten (integriert mit Bauten für Studenten und Universitätsangehörige) verhindern wollte.[54]

Ein weiterer Versuch, billige Wohnungen weitgehend privat zu finanzieren, ist die Bildung von Cooperativen und Condominien. Steigende Steuerbelastung und Unterhaltungskosten haben viele Hausbesitzer bewegt, ihre Häuser an die Mieter zu verkaufen. Die Umwandlung in eine Cooperative ist an die Zustimmung von 15 bis 35% (es gibt verschiedene Bestimmungen dafür) der Mieter gebunden. Für diejenigen, die ihre Wohnung nicht erwerben konnten, bedeutete diese Umwandlung eine unzumutbare Härte, da sie zum Auszug gezwungen wurden.[55] Dennoch haben Mietervereinigungen wiederholt gefordert, Hausbesitz mit städtischer Hilfe in Cooperativen zu überführen, um die hohen Profite und ungenügenden Aufwendungen zur Erhaltung der Wohnungen zu bekämpfen. Doch es zeigte sich, daß auch ohne Profit viele Häuser mit den bisherigen Mieteinnahmen nicht zu unterhalten waren.[56] Auch die neu errichteten Co-op Cities, die ursprünglich für niedrige und mäßige Einkommen geplant waren, sind inzwischen durch gestiegene Baukosten nur noch für mittlere Einkommensgruppen erreichbar. Doch fanden wir in New Haven, daß auch 200 einkommensschwache Familien durch ein besonderes, öffentlich gestütztes

[54] Vgl. E. Caldwell, Stanford scans Low-Income Housing. In: NYT 2. 6. 70.

[55] Vgl. D. Clurman, Law on Converting To Co-ops Faulty. In: NYT 24. 5. 70.

[56] Vgl. D. K. Shipler, Tenant Units Urge City to Confiscate Buildings. In: NYT 9. 4. 70.

Finanzierungssystem an Cooperativen beteiligt worden waren.[57] Diese Besitzerrechte haben sich bei einkommensschwächeren Schichten positiv ausgewirkt. Häufig können durch manuelle Eigenleistung Erhaltungsaufwand gespart und Wohnkosten niedrig gehalten werden.[58] Hinzu kommt die im Vergleich mit dem Wohnen in Public Housing günstigere psychische und sozialpsychologische Situation der Wohnungseigentümer.[59]

Für eine Integration Armer hat sich außerdem die Ansiedlung in kleinen Gruppen in guten Wohnlagen bewährt. New Haven hat das „minuscule housing development", die Entwicklung kleiner Projekte mit 20 bis 30 Familien zum Prinzip erhoben. Bürgermeister Lee begründet das folgendermaßen:

„Ich habe eine ausgesprochene Phobie. Sie läßt sich einfach beschreiben: wenn man ein Getto ausradiert und es durch konzentrierten billigen Wohnungsbau ersetzt, tut man kaum etwas anderes als das Getto mit neuen Gebäuden fortzusetzen. Man bringt die armen Familien zurück mit all ihren Problemen, und indem man sie konzentriert, schafft man noch mehr soziale Probleme. Man verbessert die Nachbarschaft keineswegs. Erst in den letzten Monaten, nach 20 Jahren Public Housing, hat die Öffentlichkeit begonnen, die menschlichen Probleme in Public Housing wahrzunehmen. Man schädigt Menschen, wenn man sie in eine Nachbarschaft preßt, die als Public Housing Nachbarschaft abgestempelt ist. Es ist auch schlecht, wenn eine Schule so abgestempelt wird, als eine Konzentration von Elend, Armut und emotionalen Problemen, daß sie

[57] Die Beteiligungssumme wird zuerst aus öffentlichen Geldern bezahlt, solange bleibt es bei einem Mietverhältnis. Mit steigendem Einkommen kann dann das Mietverhältnis durch Besitzrechte allmählich abgelöst werden. (Interview mit J. McGuerty.)

[58] Vgl. Ch. Abrams, aaO, S. 258 und 263, ferner B. J. Frieden, Housing and National Goals, In: J. Q. Wilson, aaO, S. 219. Das Housing and Urban Development Act von 1965 sieht Unterstützungsprogramme für einkommensschwache Besitzer und Käufer von Ein- und Zweifamilienhäusern vor. Vgl. New York City Planning Commission, NYC. Renewal Strategy 1965, aaO, S. 72.

[59] Arme, die in Cooperativen leben, sind trotz ihres Mietverhältnisses, das aber geheim bleibt, gleichberechtigte Mitglieder der Cooperative. Vgl. New Haven Redevelopment Agency. What's Happening in New Haven's Neighborhoods, Juli 1968, S. 5 und April 1968 S. 1.

den Kindern das Stigma verleiht, Public Housing Kinder aus Problemfamilien zu sein.“ [60]

New Haven – Beispiel einer Stadterneuerung

New Haven ist für die Vereinigten Staaten, aber auch darüber hinaus, zum Modellfall einer Stadterneuerung geworden. Die Geschichte[61] dieser Erneuerung ist eng mit Bürgermeister Richard C. Lee verbunden. Zwar erwachten bereits um die Jahrhundertwende erste Initiativen einer Stadtplanung, doch erst 1953 begann mit der Wahl Lees zum Bürgermeister der langsame Wiederaufstieg einer bis dahin sterbenden Stadt. Lee hatte bereits seit seinem Eintritt in die Plan Commission 1941 veranlaßt, den begabten französischen Stadtplaner Maurice E. H. Rotival um die Entwicklung eines „Master Plan“ für New Haven zu bitten. Doch erst 10 Jahre später kam man auf diesen Plan zurück und begann ihn zu verwirklichen. Er sah vor, einen der verrufensten Slums New Englands,[62] den Oak Street Bezirk, niederzureißen, die City direkt an das Highwaynetz anzuschließen, die Erweiterung der Straßen der Innenstadt, neue Geschäfts- und Bürobauten sowie Appartementhochhäuser, um die fliehende Mittelschicht zurückzuhalten. Lee versprach die Verwirklichung des Master Plans und zugleich die Einbeziehung der Bürger New Havens in eine Partnerschaft mit der Stadtverwaltung. Zu diesem Zweck wurde die „Citizens’ Action Commission“ gegründet, und Tag für Tag bemühte sich Lee, auf Bürgerversammlungen das Sanierungs-Programm bekanntzumachen und zu diskutieren.

1955 wurden die ersten Bundesmittel in Höhe von 7,5 Millionen Dollar bewilligt und 1957 begann der Abriß in Oak Street. Ein „Family Relocation Office“ und ein „Business Relocation Office“ halfen den Bewohnern und Ladenbesitzern bei der Umsiedlung in andere Stadtbezirke. Auf dem Boden dieses Slums wurden mehrere

[60] zit. von G. Nelson, New Haven and Its Mayor. In: Holiday Magazine, Mai 1966, S. 3.

[61] Vgl. zum Folgenden: New Haven Redevelopment Agency, A History of Urban Renewal in New Haven. Manuskript o. J.

[62] 60% der Häuser galten als substandard oder verwahrlost. Vgl. S. Hasbrouck, Transformation – A Summary of New Haven’s Development Program. New Haven Development Agency 1965, S. 14.

Appartementhochhäuser für mittlere Einkommen und ein Hochhaus mit Altenwohnungen gebaut. Dieses Musterbeispiel der Vertreibung von Armen und der Ansiedlung von Wohlhabenden hat Lee viel Kritik eingebracht, doch muß es im Gesamtkonzept der Stadterneuerung bewertet werden. Auch wurde dafür gesorgt, daß die ehemaligen Slumbewohner in Standardwohnungen unterkamen, so daß die meisten sich verbesserten,[63] wenn auch häufig mit höheren Mietlasten. Bis 1966 waren über 5600 Haushalte umgesiedelt worden.[64] Dabei mußten nicht nur angemessene Wohnungen gefunden werden, sondern oft auch Möbelanschaffungen erleichtert und Arbeitsprobleme gelöst werden. Dazu wurden ein Fond für dringend notwendige Kredite und ein „Unified Social Service", eine koordinierte und intensive Sozialarbeit geschaffen. Durch eine Informationsschrift und persönliche Besuche sollten die Umzugsprobleme weitgehend reduziert werden. Auf diese Weise wurden die Umsiedler zum Beispiel in Haushaltsführung unterrichtet, bei der Ausfüllung von Anträgen und beim Gang durch die Instanzen der Bürokratie unterstützt.[65]

Durch ein „Rent Certificate Program" pachtete die Stadt von privaten Hausbesitzern Wohnungen und vermietete sie billiger an Arme weiter.[66] Außerdem wurde durch zinslose Darlehen oder solche mit langer Laufzeit bei 1 bis 3 Prozent Zinsen auch ärmeren Slumbewohnern der Kauf von Eigenheimen ermöglicht, wodurch im Zuge der Umsiedlung mehr Bewohner Hausbesitzer wurden als Mieter in Public Housing. Von 5615 umgesiedelten Familien zogen 747 in Public Housing, 834 erwarben Häuser und 2034 zogen in normale Mietwohnungen.[67] Für den Hauskauf durch arme Familien sind durch den Housing Act von 1968, Section 235, Hypothekengelder bereitgestellt worden. Die monatlichen Gesamtausgaben für Rück-

[63] 9 von 10 Familien verbesserten sich. Vgl. L. Th. Appleby und W. L. Miller „You Shove Out The Poor To Make Houses for the Rich." In: NYT Sunday Magazine 11. 4. 65, S. 2.

[64] Vgl. S. Hasbrouck, aaO, S. 4.

[65] Vgl. K. Feidelson, A Total Approach to Family Relocation. In: Journal of Housing No. 3 1967, S. 2–4.

[66] Interview mit Mr. McGuerty.

[67] Vgl. K. Feidelson, aaO, S. 2.

zahlung und Steuern sollen 20% des Bruttoeinkommens nicht übersteigen.[68] Mit diesem Programm soll zugleich die Zahl der in der Stadt selbst lebenden Hausbesitzer erhöht werden, um den Abfluß der Mieten und Steuern in die Suburbs zu stoppen.[69]

Die Stadterneuerung durch totalen Abriß und Wiederaufbau war in New Haven auf den Oak Street Slum begrenzt. In anderen Bezirken der Stadt wurden nur einzelne Häuser oder Hausgruppen ersetzt, während ein größerer Teil durch „Rehabilitation" wiederhergestellt wurde. Dieses Verfahren erhält den ursprünglichen Charakter eines Stadtgebietes und einer Nachbarschaft. Weil dabei Haus für Haus vorgenommen wird, kommt es meist nicht zu größeren Umsiedlungen, obwohl die gründliche Instandsetzung und Modernisierung auch gewöhnlich einen zeitweiligen Auszug der Bewohner verlangt. In New Haven wurden die Bezirke Wooster Square und Dixwell zu Musterbeispielen einer Slumsanierung durch ausgedehnte Rehabilitation. Nur in solchen Erneuerungsgebieten kann die Bewohnerschaft intensiv an der Verbesserung interessiert und beteiligt werden. In Wooster Square und Dixwell haben die Bewohner selbst mehr als 6,5 Millionen Dollar und viel eigene Arbeitsleistung in die Wiederherstellung der meist stark vernachlässigten Einfamilienhäuser investiert. Nur etwa ein Viertel der Häuser wurde als nicht wiederherstellbar abgerissen. Insgesamt wurden in New Haven mehr als 13 Millionen Dollar privat für Rehabilitation aufgebracht[70], und 7500 Häuser durch Eigeninitiativen erneuert.[71] Wo Eigentümer auch durch Darlehen nicht in die Lage versetzt oder interessiert werden konnten, ihre Häuser zu erneuern, wurden diese Häuser von der Stadt erworben, renoviert und an einkommensschwache Familien vermietet.[72] An diesem Erneuerungs-

[68] Vgl. New Haven Redevelopment Agency, What's Happening in Housing in New Haven, July 1969, S. 5.

[69] Vgl. N. H. Redevelopment Agency, What's Happening ..., Juli 1968, S. 1. Es ist allerdings fraglich, ob Hausbesitz nicht zum Hindernis einer notwendigen Mobilität werden kann, wenn z. B. die Verlagerung von Arbeitsplätzen einen Ortswechsel verlangt (vgl. dazu F. Engels, aaO, S. 8 u. 18).

[70] Vgl. New Haven Redevelopment Agency, A History, aaO, S. 10 ff.

[71] Vgl. G. Nelson, aaO, S. 2.

[72] Interview mit Redevelopment Agency. Zur Frage der Rehabili-

programm durch Rehabilitation haben sich auch Kirchen und andere private Vereinigungen beteiligt, um vor allem ärmeren Familien zu guten Wohnungen zu verhelfen.[73]

Auch die älteren Public Housing Projekte wurden im Rahmen der Urban Renewal und unter Mitwirkung der Bewohner modernisiert.[74] Aber mit einer Modernisierung solcher Gebäude war es nicht getan, sondern New Haven mußte versuchen, diskriminierte Siedlungen in ihr Umfeld zu integrieren und damit den Gettocharakter aufzuheben. Dabei mußten nicht selten frühere Fehler korrigiert werden, wie zum Beispiel in Elm Haven. 1950 wurde hier ein Gettoprozeß eingeleitet, als zu bereits fast 500 Einheiten Public Housing nochmals 368 hinzugefügt wurden, so daß damit ein früher von Privathäusern geprägter Bezirk nun ganz von Public Housing beherrscht wurde.[75]

Es ist freilich sehr schwer, solche stadtplanerischen Fehler rückgängig zu machen, doch muß versucht werden, den Wohnungsstandard und die Attraktivität solcher Gebiete durch Modernisierung und besondere Gemeinschaftsanlagen (Gemeindezentren, Sportstätten, Schulen) auch für außerhalb Wohnende zu steigern. Dabei fällt der ästhetischen Gestaltung solcher Bauten und der Landschaftsarchitektur eine bedeutsame Rolle zu. Hierin hat New Haven ebenfalls Pionierarbeit geleistet, da Lee die Auffassung vertrat, daß ein hervorragend entworfenes Gebäude nicht teurer zu sein brauche als ein einfallslos konzipiertes.[76] Darum bat er führende Architekten um Entwürfe für billige Wohnbauten.[77] Das Ergebnis ist eine Viel-

tation siehe ferner: J. J. McNeil, Subsidized Housing Program Rehabilitates Scatter-Site Units, In: The New Haven Register 28. 4. 68, M. S. Hommann, Neighborhood Rehabilitation. In: Journal of Housing, Vol. 19, No. 4 Mai 1962, J. J. McNeil, Closing Scheduled For Rehabilitated Units. In: The New Haven Register, 28. 10. 68.

73 Vgl. N. H. Redevelopment Agency, What's Happening . . ., April 1968, S. 4.

74 Vgl. N. H. Redevelopment Agency, What's Happening, aaO, S. 4.

75 Vgl. S. Hasbrouck, aaO, S. 49.

76 Lee zit. b. G. Nelson, aaO, S. 3.

77 So beteiligten sich die Firmen Saarinens, Philip Johnson, J. M. Pei, Mies van der Rohe u. a., vgl. W. v. Eckardt, A Place to Live-The Crisis of the Cities. New York 1967, S. 315.

zahl gelungener Bauformen, die New Haven auch auf dem Sektor des Designs zu einem Modell gemacht haben.[78] Lee vergab Bauland an Industrie- und Geschäftsbetriebe nur, wenn sie gute Entwürfe vorlegen konnten.[79] Das Resultat zeigt sich in außergewöhnlichen Park- und Geschäftshäusern in der Innenstadt und bei Bauten im neuen Industriegebiet.

Die Bauplanung für alte Menschen ist ebenfalls hervorzuheben, die nicht, wie so oft, in große Heime am Rande der Stadt und somit in ein Getto verbannt wurden, sondern meist in kleinen Wohngemeinschaften inmitten anderer Stadtgebiete eingestreut wurden.

Aus der City wurde dagegen ein Teil der Industrie verbannt, die ohnehin eine starke Abwanderungstendenz zeigte. Sie wurde in einem neuen „Industrial Park", auf aufgefülltem Sumpfland am Hafen, angesiedelt. Auf diese Weise gelang es, ein Slumgebiet aus alten Fabriken und Wohnbauten in Wooster Square zu entflechten und zu einem guten Wohngebiet umzuformen und zweitens, den Verlust an Arbeitsplätzen aufzuhalten und neue anzusiedeln.[80]

Die Erhaltung und Vermehrung der Arbeitsplätze war eine Lebensfrage für New Haven. Die Wurzeln des städtischen Niedergangs lagen in erster Linie in dem Schwund der Investitionen und der ökonomischen Grundlagen New Havens, während gleichzeitig arme Zuwanderer die Sozialausgaben in die Höhe trieben. Darum konnte sich eine Stadterneuerung nicht mit der Verbesserung der Wohnsituation und des äußeren Stadtbildes begnügen, sondern mußte zu einer sozialen und humanen Erneuerung (human renewal) werden. Da dieser äußerst komplexe Aufgabenbereich weder von der Stadtverwaltung noch von Nachbarschaftsvereinigungen

[78] Mit diesen Bauten hat sich New Haven über die eigenen staatlichen Richtlinien hinweggesetzt, die noch immer enge Grenzen für billige Wohnungen setzten – Vgl. south central connecticut planning region, initial housing element, aaO, Seite 26. Uns gefielen besonders Ethan Gardens, Dwight Co-op, Friendship Houses, Florence Virtue für niedrige und mäßige Einkommensgruppen und Craford Manor, Newhall Gardens, Olive and St. John für alte Menschen. Vgl. auch J. J. McNeil, Units Interesting Departure In Garden Apartment Design. In: The New Haven Register, 24. 11. 68.

[79] Vgl. G. Nelson, aaO, S. 4.

[80] Vgl. S. Hasbrouck, Transformation, aaO, S. 32 ff.

allein in Angriff genommen werden konnte, wurde 1962 eine unabhängige und flexibel operierende „Community Progress Inc." (C. P. I.) gegründet, die versuchen sollte, die Ursachen der Armut durch massives, koordiniertes und vielseitiges Vorgehen anzugreifen. Es entwickelte ein Antiarmutsprogramm, das besonders den Schul-dropouts, den Berufs-, Bildungs- und Gesundheitsproblemen in Slums gewidmet war und zum Vorbild für den „war on poverty" und den „Economic Opportunity Act" von 1964 wurde. C. P. I. entwickelte sich zu einer Zentrale der Kooperation und Koordination, die auch Behördenvertreter an einen Tisch brachte, die sich nie zuvor gesehen hatten.[81] Unter anderem führte C. P. I. ein erfolgreiches Berufsausbildungs- und Beschäftigungsprogramm ein, das sich vor allem der schwierigen und langfristig Arbeitslosen annahm.[82] Außerdem unterstützte sie Familien bei Umsiedlungsproblemen und förderte Nachbarschaftsorganisationen.[83]

Eine weitere Besonderheit im Stadterneuerungsprogramm New Havens sind die „Community Schools", die bereits früher erwähnt worden sind. Die inzwischen 7 Schulen dieser Art sollten zu Zentren des Renewal für ihr jeweiliges Einzugsgebiet werden. Die „Conte Community School" von Wooster Square ist ein gutes Beispiel für diesen Versuch, der Schule eine neue Rolle als geistiges Zentrum und menschliche Begegnungsstätte für alle Bewohner zu übertragen. Hier werden die Sanierungspläne mit den Bürgern entwickelt und diskutiert und Impulse eines neuen sozialen Selbstverständnisses gestiftet.[84] Sie ist 1. ein Erziehungs- und Bildungszentrum mit optimalen Lehr- und Lernbedingungen, 2. ein Nachbarschaftszentrum, wo vielfältige Möglichkeiten an Freizeitgestaltung, Sport und Kontakten angeboten werden, 3. ist sie ein Beratungszen-

[81] Vgl. G. Nelson, aaO, S. 3. C.P.I. wird von der Ford Foundation und verschiedenen Stellen des Bundes finanziert.

[82] Vgl. ebd., S. 3.

[83] Vgl. K. Feidelson, aaO, Seite 1 und 2. Auf die Arbeit der Nachbarschaftsorganisationen werden wir im nächsten Kapitel ausführlich eingehen.

[84] Die erste Community School wurde 1950 in einem Negerslum gebaut. Die Schulplanung von 1959 stellte diese Idee in den Mittelpunkt. Vgl. Interview mit N. Andrews. Ferner unsere Literaturangaben im Kapitel I. (Bildungsprobleme).

trum (Gesundheits-, Rechts-, Berufsberatung u. a.) und 4. ein Mittelpunkt der Gemeinwesenarbeit, wo alle Probleme der Gemeinde diskutiert, studiert und einer Lösung nähergebracht werden sollen.[85]

Nach der Beschreibung der komplexen Anstrengungen, New Havens Abstieg aufzuhalten, bleibt die Frage nach den Kosten und dem Ergebnis dieser Bemühungen.

New Haven hat ein Drittel seiner gesamten Stadtfläche in die Erneuerung einbezogen. Es hat dafür an Bundesmitteln mehr erhalten als jede andere Stadt, nämlich 861 Dollar pro Einwohner, insgesamt über 130 Millionen Dollar. Zwei Drittel der Erneuerungskosten wurden vom Bund getragen, ein weiteres Sechstel vom Staat Connecticut, so daß New Haven nur ein Sechstel selbst aufzubringen hatte. Mit den Aufwendungen der Geschäfts- und Industrieneubauten sollen bis 1967 insgesamt bereits 500 Millionen Dollar investiert worden sein.[86]

Mit diesen Investitionen konnte erreicht werden, daß 10 000 Arbeitsplätze erhalten oder neu geschaffen wurden, daß ein neues Geschäftszentrum und ein Industriepark entstanden, daß weite Teile der Stadt durch Neubau und Wiederherstellung den Slumcharakter verloren, daß das wirtschaftliche Klima verbessert werden konnte und die Steuereinnahmen um über 17 Millionen Dollar anstiegen,[87] obwohl die Steuerbelastung der Bürger relativ niedrig blieb. Als Erfolg ist außerdem zu bezeichnen, daß in der gesamten Bevölkerung ein gewisser Enthusiasmus für Erneuerungsanstrengungen geweckt werden konnte.[88]

1966 sah man das Ziel, die Beseitigung aller Slums, bereits in greifbare Nähe gerückt.[89] Aber bereits nach der vorläufigen Hauszählung von 1967 stellte man resigniert fest, daß man von diesem

[85] Vgl. G. N. Tirozzi, aaO, S. 6.

[86] Vgl. W. v. Eckardt, aaO, S. 313.

[87] Vgl. E. Selby, New Haven: Where Federal Dollars Pay off. In: Readers Digest, Juni 1969, S. 190.

[88] Vgl. New Haven Redevelopment Agency, A History, aaO, S. 17/18.

[89] Vgl. R. Lee, zit. in G. Nelson, aaO, S. 2, auch W. v. Eckardt sah in New Haven bereits das Beispiel einer echten Wiederbelebung, Vgl. aaO, S. 313.

Ziel weiter entfernt war als 1966.[90] Ein Teil der Schuld für die Verzögerung liegt vermutlich in der Schwerfälligkeit und in Kompetenzproblemen der Verwaltungsgremien[91], so daß zum Beispiel die Erneuerung des Hill-Bezirks bis heute nicht über das Planungsstadium hinausgelangt ist. Inzwischen wächst bereits wieder die Zahl der Häuser, die unter dem Standard liegen. Von den vor 10 Jahren renovierten Häusern müssen viele erneut repariert werden.[92] Das wirft die Frage nach der Rentabilität der Wiederherstellung auf. Dabei muß man zwischen einer kurzfristigen „Rehabilitation", die Häuser für 16 Jahre erhalten soll, um sie dann später zu ersetzen, und einer langfristigen, die mit 32 Jahren rechnet[93], unterscheiden. Doch auch bei der langfristigen ist fraglich, ob die hohen Kosten sinnvoll sind. Denn die Renovierung ist gewöhnlich teurer als Neubau, da keine standardisierten Verfahren eingesetzt werden können und viel individuell- handwerkliche Arbeit erforderlich ist.[94] Fachleute sind darum oft der Auffassung, daß die Gelder für Rehabilitation zum großen Teil vergebliche Ausgaben sind.[95] Da aber die gegenwärtige Wohnproblematik nur durch Neubau *und* Wiederherstellung zu lösen und totale Entwurzlung von Nachbarschaften nur durch zumindest partielle Erhaltung bestehender Baustrukturen verhindert werden kann, wird man auf Wiederherstellung nie verzichten können. Es gilt vielmehr, der völligen Verwahrlosung alter Gebäude durch die Verhinderung von Slumentwicklung rechtzeitig vorzubeugen.

Kritisch muß ferner zu der Stadterneuerung von New Haven bemerkt werden, daß die Beteiligung der Bürger an der Planung oft zu spät einsetzte, daß die Geschäftswelt zuwenig Eigeninitiative ent-

[90] Vgl. South Central Connecticut Planning Region, aaO, S. 23.

[91] Vgl. ebd., S. 23–25.

[92] Vgl. ebd., S. 13.

[93] Vgl. NYCity Planning Commission, NYCitys Renewal Strategy, aaO, S. 64.

[94] So kostete die Wiederherstellung von 18 Wohneinheiten in der University Row 253 000 Dollar (ca. 11 000 pro Einheit), während die hervorragenden Ethan Garden Apartments nur ca. 7000 pro Einheit kosteten. Vgl. J. J. McNeil, Closing Scheduled, aaO, o. S. und ders., Units Interesting, aaO, o. S.

[95] Interview mit N. Andrews.

wickelte, daß die Yale University trotz ihres großen Entwicklungspotentials nicht ausreichend engagiert war, daß die lokalen Behörden oft den neuen Trend nicht verstanden und mittrugen[96] und daß es vor allem nicht gelungen ist, Armut durch genügend Arbeitsstellen wirksam zu bekämpfen.[97] Doch damit war das Stadterneuerungsprogramm zweifellos überfordert, denn es setzte zu spät ein und konnte die Flucht der weißen Mittelschicht und der Industrie zur Suburb nicht mehr so weit rückgängig machen, wie es nötig gewesen wäre. Nachdem sich auch das rassische Gleichgewicht[98] durch das starke Anwachsen der Farbigen zuungunsten der Weißen entwickelt hatte, ließ sich die Rückkehr der weißen Mittelschicht kaum mehr veranlassen.

Kritiker wie Jane Jacobs und Herbert J. Gans erheben gegenüber dem New Havener Modell den Vorwurf, daß hier Erneuerung auf Kosten der Armen getrieben worden sei. Das Wort Urban Renewal sei bei den farbigen Nachbarschaftsorganisationen verrufen, da es nach wie vor ein „Black removal“ bedeute.[99] Diesen Kritikern hielt R. C. Weaver schon 1965 entgegen, sie wiederholten stereotyp die berechtigten Vorwürfe gegen die Mißstände der ersten Jahre und übersähen, daß die heutigen Umsiedlungsprogramme in den meisten Fällen für die Betroffenen Verbesserungen mit sich brächten.[100] (Das folgende Kapitel wird sich ausführlich diesem Problem widmen.)

Die gegenwärtige Diskussion ist mehr durch die Frage beherrscht, ob die vielerorts begonnenen Erneuerungsprojekte überhaupt fortgeführt werden können, oder ob sie durch geplante Kürzungen im Bundesetat zur Stagnation verurteilt werden. Von den 2,3 Milliarden Dollar, die der Housing Act von 1969 für Urban Renewal bewilligte, sieht Nixons Budget ohnehin nur die Auszahlung von einer Milliarde vor. Außerdem erwog man, die notwendi-

96 Vgl. J. R. Lowe, Cities in a Race, aaO, S. 544.

97 Vgl. H. J. Gans, aaO, S. 288.

98 Vgl. dazu R. A. Dentler, M. E. Warshauer, B. Mackler (Hrsg.), aaO, S. 15.

99 Vgl. Congressional Record. Vol. 116, No 32, Wash. 4. 3. 70, S. 4.

100 Vgl. R. C. Weaver, Dilemmas of Urban America, Cambridge Mass. 1965, S. 40.

gen Summen für die Schulintegrationspläne, etwa 500 Millionen Dollar, aus den Mitteln der Model City zu nehmen, die insgesamt nur 575 Millionen Dollar aufweisen. Das wirkt sich dann so aus, daß zum Beispiel Philadelphia, das Projekte für 40 bis 50 Millionen Dollar begonnen hat, lediglich 17,5 Millionen erhält.[101] Damit entstehen erneut große Diskrepanzen zwischen den Versprechungen und Erwartungen einerseits und der Realität andererseits, die die Glaubwürdigkeit der Sozial- und Baupolitik untergraben. Da sich außerdem immer mehr Städte um Model City Gelder bemühen, fließen die gekürzten Mittel spärlicher in die einzelnen Städte.[102]

Auch die gemeinnützigen Baugesellschaften fürchten Kürzungen ihrer Bundeszuwendungen,[103] so daß es, besonders auf dem Sektor des billigen Wohnungsbaus, zu einem völligen Stillstand kommen wird. Außerdem entmutigt die inkonsequente Sozialpolitik Washingtons die privaten Aktionen gegen Slums und Armut, wie zum Beispiel Berufstrainingsprogramme einzelner Firmen und Mobilisierungsversuche bei Slumbewohnern, wie das folgende: In Philadelphia gelang es Herman Wrice in drei Jahren, 2000 Bandenmitglieder dafür zu gewinnen, statt gegenseitiger Kämpfe die Erneuerung von verwahrlosten Häusern in Angriff zu nehmen. Doch wurde ihre Bitte um entsprechende Bundesmittel abgeschlagen. Zur selben Zeit erhielt die Temple University Bundesgelder, um die Banden von Philadelphia zu studieren.[104] Diese Groteske ist leider typisch für eine Gesellschaft, die ihre Probleme zu Tode studiert – das Studium der Negerprobleme scheint eines der größten amerikanischen Unternehmen zu werden –, aber sich nicht aufraffen kann, entscheidende Reformen zu wollen und durchzuhalten. Das amerikanische kapitalistische Gesellschaftssystem scheint zur Lösung sei-

[101] Vgl. J. Herbers, Rebuilding Plans of Cities Reduced by Nixon's Curbs, In: NYT 1. 3. 70 und ders. Romney in Pledge on Model Cities, In: NYT 7. 5. 70.

[102] Vgl. J. Herbers, 35 Mayors Seek Renewal Funds. In: NYT 26. 5. 70 und ders. Romney Assures Mayors On Priorities for Cities. NYT 16. 6. 70.

[103] Vgl. J. Herbers, Nonprofit Home Builders Fear Curbs by F. H. A. Aide, In: NYT 16. 2. 70.

[104] Vgl. J. M. Naughton, Urban Malaise Grips Penthouse and Slum, In: NYT 17. 5. 70.

ner sozialen Probleme prinzipiell unfähig zu sein. Werden in dieser Weise private Ansätze entmutigt, so bleiben auch alle Bundesmittel vergeblich, da der Bund allein die Krise der Städte nicht lösen kann.[105] Nur, wo es gelingt, durch eine gezielte Finanz- und Sozialpolitik Bürgerinitiativen und das Engagement aller Bevölkerungsschichten zu stimulieren, besteht Aussicht auf eine Abwendung des städtischen Niedergangs. Das steht zwar auch ausdrücklich im Model City Programm, doch scheitert seine Realisierung noch weithin an den Möglichkeiten und an dem Bewußtseinsstand aller Beteiligten. Doch damit soll sich das folgende Kapitel befassen.

105 Vgl. auch Community Renewal Society, aaO, II. S. 9/10.

III. Mobilität und Mobilisierung der Bürger

Umsiedlungsprobleme

Es wurde bereits darauf hingewiesen, daß die frühen Erneuerungsprogramme von der Hypothese ausgingen, daß eine Vertreibung der Armen aus den Slumgebieten alle Probleme lösen würde. Da es auch kein öffentliches Wohnungsbauprogramm für Slumsanierung gab, wurden abgeräumte Slumbezirke mit Kulturzentren und privaten Luxuswohnungen bebaut.[1] So stehen etwa Manhattans berühmtes Lincoln-Center und die angrenzenden Lincoln-Tower Appartements auf ehemaligem Slumgelände.

1959 wurde in Mill Creek, in St. Louis, ein Negerslum durch Häuser für mittlere Einkommen ersetzt. Viele der früheren Bewohner mußten in die umliegenden Slums ziehen. 50% von ihnen verschwanden ganz aus den Augen der Behörden und nur 14% zogen in öffentlich geförderte billige Wohnungen.[2] Doch noch heute müssen sich Arme immer wieder gegen ihre Verdrängung durch Luxuswohnungen wehren.[3] Die Vertreibung wiegt besonders schwer, da ärmere Bevölkerungsschichten gewöhnlich höhere Wohnstabilität und Nachbarschaftsverflechtungen besitzen[4] als die durch weniger beschränkte Wohnortwahl mobileren Mittelschichten, die in den USA häufig umziehen. Außerdem war ein großer Teil der Vertriebenen gezwungen, in anderen Slums Unterkunft zu suchen.[5] Daran änderten auch einmalige Umzugshilfen von 100 bis 400 Dollar

[1] Vgl. New York City Planning Commission, NYT. Renewal Strategy, aaO, S. 43.

[2] Vgl. M. Harrington, aaO, S. 147.

[3] Vgl. E. C. Burks, Planners Scored on Lower 3d Ave. In: NYT 14. 5. 70.

[4] Zwischen 1955 und 1960 wohnten 2/3 der Bewohner von Central Harlem im gleichen Haus, In NYCity insgesamt aber nur 58%. Vgl. HARYOU, aaO, S. 123.

[5] Vgl. J. R. Lowe, Urban Renewal, aaO, Seite 29.

nichts.[6] Eine Studie ermittelte 1961 in 41 Städten, daß durch Renewal Projekte 60% der Betroffenen in Slums vertrieben worden waren. Durch Zusammendrängung entstanden mancherorts neue Slums. Weiße aus Bostons West End fanden zwar zu 73% gute Wohnungen, doch stieg die Miete um durchschnittlich 30 Dollar.[7]

Die Vertreibung beginnt oft lange vor dem Abriß. Ist ein Gebiet für die Sanierung vorgesehen, so wird es zum bevorzugten Objekt für Spekulanten. Hausbesitzer kündigen ihren Mietern, da sich ein leeres Gebäude zu einem günstigeren Preis an die Stadt oder an private Baugesellschaften verkaufen läßt als ein noch bewohntes.[8] Häufig werden aber solche leerstehenden Häuser zwischenzeitlich von Spekulanten erworben, die sie wiederum mit Mietern füllen. So kaufte zum Beispiel ein Spekulant ein Haus mit 6 Wohnungen, die er mit 9 Negerfamilien belegte. Am nächsten Tag erschien ein Vertreter der nahen Universität, die an diesem Haus ebenfalls interssiert war, und bedrohte den Spekulanten mit einer Anzeige wegen Verletzung der Wohnungsvorschriften. Gleichzeitig machte er ihm ein großzügiges Kaufangebot. Der Spekulant ging darauf ein, und die neun Familien mußten am Tag darauf wieder ausziehen.[9]

Um zögernde Mieter zum Auszug zu bewegen, greifen Hausbesitzer nicht selten zu Pressionen. Man läßt leere Wohnungen offenstehen und ermuntert Drogen- und Alkoholsüchtige sowie Prostituierte, sich hier einzunisten, oder man läßt die Häuser so weit verfallen, daß die Mieter zum Auszug gezwungen sind. Da sie aber schließlich freiwillig ausziehen, braucht der Hausbesitzer keine Umzugshilfe zu zahlen.[10]

Inzwischen sehen die Bundesgesetze zwar eine Reihe von Umsiedlungshilfen vor, doch liegt es in der Macht der lokalen Behörden, in welchem Umfang sie Beratungsstellen einrichten und Umzugsprobleme mindern. New Haven hat – wie bereits geschildert –

[6] Vgl. F. Heinze, Community Busters Inc., In: Urban Underground Vol. 1, No. 3 März 1970, S. 2, ferner H. Gans, aaO, S. 214.

[7] Vgl. H. Gans, aaO, S. 262.

[8] Vgl. F. Heinze, aaO, S. 2. Überhaupt haben private Unternehmen von Urban Renewal am meisten profitiert. Vgl. H. Gans, aaO, S. 266.

[9] Vgl. P. H. Rossi und R. A. Dentler, The Politics of Urban Renewal – The Chicago Findings. New York 1961, S. 82.

[10] Vgl. F. Heinze, aaO, S. 2/3.

auf diesem Gebiet intensiv gearbeitet. Auch Bostons Redevelopment Authority gibt an, daß 97% der von Stadterneuerung Umgesiedelten mit Hilfe ihrer „Relocation“-Büros in Standardwohnungen gezogen sind. Nur 3% wechselten ihre Wohnung ohne diese Hilfe.[11]

Doch oft zeigen Behörden wenig Verständnis für die schwierige Situation der vertriebenen Menschen, da sie nur die guten Seiten der Slumsanierung vor Augen haben.[12] Eine Untersuchung in Detroit ermittelte, daß über die Hälfte der Vertriebenen keine ausreichende Hilfe erfahren und nur 3% durch die städtischen Behörden eine Wohnung erhalten hatten. 37% waren gezwungen, mehrmals umzuziehen (15% drei- bis viermal).[13] Das Bedürfnis für Beratungen und Hilfestellungen ist in den ärmeren Bevölkerungsgruppen besonders stark. Die Greenleigh Association Studie stellte fest, daß 81% der von ihr erfaßten Haushalte in der New Yorker West Side dringend auf solche Umzughilfen angewiesen waren.[14]

Auch zeigte sie, daß diese Familien trotz aller ungünstigen Lebens- und Wohnbedingungen sehr an ihrer Nachbarschaft hängen. Nur 16% sprachen sich gegen die Nachbarschaft aus, während über 50% sie „liebten“, 77% gut mit ihren Nachbarn standen und fast 70% bleiben wollten.[15] Es ist anzunehmen, daß unter günstigeren Wohnbedingungen die Verbundenheit mit der Nachbarschaft noch stärker wäre. Allerdings wird die geringere Mobilität der sozialen Unterschicht auch durch negative Faktoren, vor allem durch Angst vor dem Unbekannten, durch geringes Selbstbewußtsein und mangelnde Lebenssicherheit bestimmt, die in der vertrauten Umwelt eher ertragen werden als angesichts einer neuen und fremden. Darum ist auch zu verstehen, weshalb viele Umsiedler

11 Report to the Community 1965, Urban Renewal reaches midway point in Washington Park, o. S. Nach H. Gans sind diese Zahlen manipuliert, da bereits vor der offiziellen Umsiedlung viele in andere Slums gezogen seien (vgl. Der Fehlschlag der Stadterneuerung. In: Büro f. Stadtsanierung und soziale Arbeit, aaO, S. 66).

12 Vgl. H. Gans, aaO, S. 219.

13 Vgl. E. Paperno Wolf, Ch. N. Lebeaux u. a., Change and Renewal in an Urban Community. New York – Washington – London 1969. S. 435.

14 Vgl. Diagnostic Survey, aaO, S. 71.

15 Vgl. ebd., Seite 65.

trotz oft besserer Wohnungen negativ auf ihre Umsetzung reagierten. 70% gaben in Detroit an, sie seien „sehr niedergeschlagen" gewesen, als sie von der Umsiedlung erfuhren. Ein Drittel von ihnen war auch nach dem Umzug „sehr ärgerlich" und 44% würden gerne zurückgehen. 4 von 5 Befragten sahen die Umsiedlung als ungünstig an und schätzten die alte Nachbarschaft in vieler Hinsicht höher ein als die neue. Daran ist sicher nicht allein der durch den Umzug bedingte Anstieg der Mietlasten um durchschnittlich 16% schuld.[16] Besonders ältere Menschen leiden unter der Umsiedlung. Da diese fast immer familienweise oder einzeln vorgenommen wird, gehen zwangsläufig alle bisherigen Beziehungen verloren. Von alten Menschen können aber kaum wieder neue angeknüpft werden. Neger finden ebenfalls schwerer neue Kontakte.[17]

In einer New Yorker Untersuchung eines Projektes an der Lower East Side stellte M. Miller fest, daß sich als Reaktion auf die Umsiedlung drei verschiedene Verhaltensstile entwickelten: 1. Selbstisolierung und Pflege der Erinnerung an die Vergangenheit im Slum; 2. die Bildung ethnischer und religiöser Zusammenschlüsse mit gesteigerter Feindseligkeit gegenüber Außengruppen und 3. aktive Mitarbeit an der Gestaltung der neuen Umwelt.[18]

Diese Hinweise auf verschiedene Umsiedlungsreaktionen sind wichtige Argumente für die Erhaltung der Nachbarschaftsbeziehungen und – falls sie unvermeidbar ist – für eine sorgfältige Vorbereitung und Durchführung der Umsiedlung. Die bei Abriß oder gründlicher Erneuerung erzwungene Umsiedlung oder zeitweise Aussiedlung der Bewohner kann dadurch gemildert werden, daß ein sogenanntes „staging", eine stufenweise Erneuerung, den Umzug innerhalb der eigenen Nachbarschaft ermöglicht. Neubauten und wiederhergestellte Häuser werden bezogen und erst dann die damit frei werdenden Bauten erneuert oder ersetzt.

Umsiedlung kann eine echte Chance bieten, wenn sie bestimmten Maximen folgt, wie sie etwa in New Haven entwickelt worden sind. Danach sollte Umsiedlung

16 Vgl. E. Paperno Wolf, Ch. N. Lebeaux u. a., aaO, Seite 434, 436, 437 ferner H. Gans, aaO, S. 263.

17 Vgl. H. Gans, aaO, S. 214 und 264.

18 Referiert bei M. Harrington, aaO, S. 149.

- die Bewohner der betroffenen Gebiete und die Gemeinde als Ganzes an der Durchführung beteiligen;
- mit allen Aspekten der Erneuerung und dem Aktionsprogramm der Community verknüpft sein;
- auf die sehr verschiedenen Bedürfnisse und Fähigkeiten der Familien und Individuen eingestellt sein;
- nicht nur die Verbesserung der Wohn-, sondern der ganzen Lebenssituation anstreben;
- auch nach dem Umzug fortdauernde Dienste anbieten.[19]

Eine Umsiedlung wird auch dort erforderlich, wo man konsequent das Prinzip der Mischung der Sozialschichten anstrebt. Die Alternative, der Verzicht auf Bevölkerungsmischung und die Umwandlung der Slumnachbarschaften durch Verbesserung der Wohn- und Lebensbedingungen, würde zwar Umsiedlung und weitere Entwurzelung vermeiden, ist aber aus bereits geschilderten Gründen (Arbeitsplatzmangel, fehlende wirtschaftliche Basis) nur selten zu verwirklichen. Nur eine Raumordnung, die das Verhältnis von Innenstadt und Suburb und somit die Rolle der City neu definiert, könnte auch den Slums eine Zukunft als geeignete Wohnstätten eröffnen. Da diese Raumordnung und Umorientierung aber noch nicht einmal zur Diskussion gestellt worden ist, wird nur die Umsiedlung der meisten Slumbewohner (86%[20]) zur Suburb und zu den wirtschaftlich aufstrebenden Industriestandorten ihr Schicksal wesentlich verändern können. Da aber eine Umsiedlung großen Stils vermutlich auch eine neue Zuwanderungsbewegung von den Südstaaten her auslösen würde, ist vorläufig keine Lösung der Slumproblematik in Sicht.

Die Rolle von Nachbarschaftsorganisationen in der Stadterneuerung

Die um 1850 entstandene amerikanische „Settlement“-Bewegung und ihre führenden Vertreter (Jane Addams, Jacob Riis, Lilian Wald, Florence Kelly) versuchten bereits, die sozialen Probleme der

[19] Vgl. K. Feidelson, aaO, S. 1.

[20] Angabe der National Advisory Commission on Civil Disorders, aaO, S. 13.

Einwanderer und ihrer Slums durch eine Aktivierung der Eigenkräfte der Nachbarschaften zu lösen. Gleichzeitig forderten sie eine entsprechende Sozial- und Baupolitik.[21] Obwohl die Settlementhäuser als Nachbarschaftszentren wichtige Integrationshilfen bereitstellten und die Öffentlichkeit auf Slumprobleme hinwiesen, kam es erst mit dem „Cincinnati Social Unit Project" von 1917 und dem „Chicago Area Project" von 1934 zu umfassenderen Ansätzen, um Slumbezirke als Ganzes zu beeinflussen.[22] 1938 organisierte dann Saul Alinsky in „Back of the Yards", einem Chicagoer Slum, Boykotts und Protestaktionen der Bewohner, um deren Lebensverhältnisse zu verbessern. Sein Buch, „Reveille for Radicals"[23] wurde zu einer ersten Programmschrift für eine Gemeinwesenorganisation.[24]

In Harlem entstanden um die Jahrhundertwende erste Selbsthilfemaßnahmen der Neger. Die „Afro-American Reality Company" versuchte die rassische Diskriminierung durch weiße Hausbesitzer zu bekämpfen, indem sie Wohnhäuser pachtete und an arme Neger weitervermietete. Gleichzeitig rief sie die Farbigen zur moralischen Erneuerung auf.[25]

Im Zweiten Weltkrieg regte das „US-Office of Civilian Defense" gemeinschaftliche Aktionen der Bürger an und bereitete damit den Boden für spätere Community Action und für Methoden der Bürgerrechtsbewegung.[26] Murray G. Ross schrieb 1955 die erste theoretische Grundlegung der „Community Organization".[27]

Von diesem Zeitpunkt an wurde die Bürgeraktion zu einer anerkannten methodischen Form der Sozialarbeit, was sie aber gleichzeitig in den Augen der Führer von Minoritätengruppen verdächtig

21 Vgl. R. M. Kramer, H. Specht (Hrsg.), aaO, S. 13–14, ferner A. F. Davis, Spearheads for Reform – The Social Settlements and the Progressive Movement 1890–1914 New York 1967.

22 Vgl. ebd., S. 15.

23 Chicago 1946.

24 Vgl. St. C. Rose, Saul Alinsky and His Critics, In: Christianity and Crisis, Juli 1964, S. 148.

25 Vgl. G. Osofsky, aaO, S. 84 und 92.

26 Vgl. R. M. Kramer, H. Specht (Hrsg.), aaO, S. 15.

27 Community Organization-Theory and Principles. New York 1955 deutsche Ausgabe im Lambertus-Verlag Freiburg.

werden ließ.[28] Im folgenden wird die Community Organization auch weniger als eine professionelle Methode betrachtet, sondern mehr als ein nachbarschaftlicher und politischer Zusammenschluß, der häufig seinen Ursprung in dem Protest gegen Maßnahmen der Slumsanierung hat, in spontanen Selbsthilfeaktionen mit oft eng umgrenzter Zielsetzung. Zum Beispiel besetzten Nachbarschaftsgruppen für den Abriß vorgesehene, leerstehende Wohnhäuser und belegten sie mit wohnungssuchenden Familien.[29] Andere mobilisierten die Bewohner eines Bezirks zur Reinigung und Verschönerung ihres Stadtteils[30] oder kämpften gegen diskriminierendes Verhalten von Hausbesitzern, die Farbige als Mieter ausschlossen. Weiße Mitarbeiter des „Open City" ließen sich Wohnungen vermieten, die vorher Farbigen verwehrt worden waren, um dann den Hausbesitzer wegen Verstoßes gegen die Antidiskriminierungsgesetze anzuzeigen.[31]

So notwendig solche spontanen und lockeren Zusammenschlüsse auch sind, um bestimmte Probleme sofort anzugreifen, politisches Gewicht erreichen Vereinigungen erst, wenn sie einen bestimmten Organisationsgrad, ein langfristiges Programm, einflußreiche Repräsentanten und wirkungsvolle Taktiken besitzen, mit denen sie größere Gruppen mobilisieren und ihre Gegner unter Druck setzen können.

Das von Jane Jacobs, der bekannten Kritikerin der amerikanischen Stadtplanung, geleitet „West Village Committee" war ein frühes und gutes Beispiel für die Wirkungsweise einer als Reaktion auf Stadterneuerungspläne entstandenen Bürgerorganisation.[32] New Yorks Greenwich Village grenzt unmittelbar an Manhattans Finanz- und Verwaltungszentrum an. Die Bewohner waren immer wieder gezwungen, gegen die Zerstörung und für die Erhaltung ihrer besonders geprägten Nachbarschaft zu kämpfen. Bereits

28 Vgl. R. M. Kramer, H. Specht (Hrsg.), aaO, S. 17.

29 Vgl. D. K. Shipler, Poor Families Taking Over Condemned Buildings. In: NYT 24. 4. 70.

30 P. L. Montgomery, City Beautifiers Have Rakes, Paint, Pansies and Hope. In: NYT 23. 5. 70.

31 Vgl. N. Ickeringill, Was It Really Rented? In: NYT 12. 3. 70.

32 Vgl. zum Folgenden J. C. Davies III, Neighborhood Groups and Urban Renewal. New York – London 1966, S. 72 ff.

1951 setzte sich die „Lower West Side Civic League“ erfolgreich gegen das „South Village Slum Clearance Project“ durch, das weite Teile der Gemeinde zugunsten von Luxus- und Geschäftsbauten zerstört hätte. Als dann West Village unter dem Einfluß der Lobby von Grundstücks- und Bauspekulanten trotz gesunder Bausubstanz zum Slum erklärt wurde, um hier rentablere Wohnhäuser für mittlere Einkommen zu errichten, organisierte Jane Jacobs den Widerstand. Sie verstärkte den bestehenden „Dr. Dodelson's Greenwich Village West Council“ und sammelte alle führenden Persönlichkeiten der Gemeinde. Die Stadtverwaltung veranlaßte gleichzeitig zu ihrer eigenen Unterstützung ein Mieterkomitee, doch mit geringem Erfolg. Die Bürgerorganisation lehnte die Pläne der Stadt völlig ab, bekämpfte die geplante Zerschneidung des Washington Square, eines Parks inmitten von Greenwich Village, durch eine Straßenführung, focht den Antrag der Stadt auf Bundesmittel an, da das vorgeschriebene öffentliche „Hearing“ nicht veranstaltet worden war, und veranlaßte eine große Briefaktion an den Bürgermeister. Als dann die City Planning Commission ein Hearing veranstaltete, ließ die Organisation von Jane Jacobs 81 gut vorbereitete Sprecher auftreten. Schließlich kam Bürgermeister Wagner der Organisation zu Hilfe und nach zweijährigen Auseinandersetzungen wurden 1962 die städtischen Pläne zurückgezogen. Auch die Planungen des Lower Manhattan Expressway, der ebenfalls unnötig viele Wohnbezirke dem Verkehr geopfert hätte, wurden nach Jane Jacobs' Einspruch durch den „Board of Estimates“ (Haushaltsausschuß) niedergestimmt. Mit diesen positiven Erfahrungen konnte Jane Jacobs dann verschiedene Widerstandsgruppen gegen ungünstige Urban Renewal-Pläne in anderen Stadtteilen unterstützen.[33] Die City Planning Commission gab später zu, daß sie aus der Niederlage in Greenwich Village gelernt habe, und daß Erneuerungsplanung die betroffenen Bewohner von vornherein in den Planungsprozeß einbeziehen müsse.[34]

Wenn an diesem Beispiel deutlich wurde, welche Rolle dem Organisations- und Überzeugungstalent eines einzelnen Bürgers zu-

[33] Vgl. J. C. Davies III, aaO, S. 72–107.

[34] Vgl. New York City Planning Commission, Plan for New York City, aaO, S. 19.

kommen kann, um die Auseinandersetzung mit einer Stadtverwaltung zum Erfolg zu führen, so wird das Folgende veranschaulichen, wie ein Bürgermeister eine Bevölkerung zur gemeinsamen Planung und zur Zusammenarbeit motivieren kann.

New Haven wurde bereits als das Modell einer Stadterneuerung geschildert. Es soll aber an dieser Stelle ein besonderer Aspekt dieser Erneuerung ausführlicher beschrieben werden, die Kooperation von Verwaltung und Nachbarschaftsgruppen.

K. B. Clark und J. Hopkins haben die „Community Action Programs" von New Haven im Vergleich mit denen anderer 12 Städte am höchsten eingestuft, da sie nachweislich einen sozialen Wandel einleiteten. Während in fast allen verglichenen Städten die Nachbarschaftsorganisationen Konflikte mit den Behörden und Bürgermeistern auszutragen hatten, weil letztere die Vereinigungen als Machtkonkurrenz ansahen, forderte Bürgermeister Lee das Engagement solcher Gruppen als notwendigen Beitrag zur Stadterneuerung. Da aber die Armen in vielen Bezirken nicht in der Lage waren, sich selbst zu organisieren, schuf Lee mit der „Citizen Progress Inc." eine von seiner Verwaltung unabhängige Institution zur Unterstützung und Organisation der bürgerlichen Mitsprache. Gewöhnlich verlangt jede Stadtverwaltung, daß alle Bundesmittel durch ihre Hände gehen, um damit die Abhängigkeit der Zuschußempfänger zu garantieren.[35] In New Haven wurden über die C. P. I. Bundes- und Stiftungsgelder unmittelbar an Nachbarschaftsgruppen zur Durchführung ihrer Programme vergeben.[36] Diese Gruppen stellten außerdem je einen Vertreter für den Vorstand von C. P. I. Auch kamen über 50% der Mitarbeiter von C. P. I. aus den Nachbarschaften selbst.[37] Da außerdem jeder

[35] Vgl. auch J. C. Donovan, aaO, S. 43.

[36] So erhielt jede Nachbarschaftsorganisation jährlich 10 000 Dollar zur Finanzierung ihrer Mitarbeiter und Programme. Vgl. New Haven Redevelopment Agency, What's Happening. Juli 1968, S. 2.

[37] Über das umfangreiche Programmangebot der „Citizen Progress Inc" mit Berufstraining, Lesetraining, vielfältigen Formen von kulturellen und Freizeitaktivitäten informieren die „Annual Report, City of New Haven", The New Haven Register 30. Oktober 1966, S. 18/19 u. v. 5. Okt. 1969, S. 20/21.

Stadtteil ein gewähltes „Residents' Advisory Committee" (Bewohner-Beratungskomitee) und weitere politische, religiöse und ethnische Vereinigungen besitzt, die an der Stadterneuerung mitarbeiten, sind am Planungs- und Umsetzungsprozeß die Betroffenen selbst aktiv beteiligt.[38] Für die Planung, Diskussion und Beratung der Erneuerungsvorhaben bildeten sich oft spezifische Gruppierungen, wie die „Betterment Councils" oder „Renewal Committees", die von einem Bürger des Bezirks geleitet wurden und selbst Architekten und andere Fachleute engagierten.[39] Auf diese Weise waren die Gruppen in der Lage, fachlich begründete Vorschläge zu entwickeln, und wurden nicht darauf beschränkt, lediglich die fertigen Pläne der Stadtverwaltung zu diskutieren, ohne sie beeinflussen zu können.

Im Rahmen der Aktivierung der Nachbarschaftsgruppen für die Stadterneuerung kam es zur Entwicklung eines neuen politischen Selbstbewußtseins in der Bevölkerung, so daß auch Auseinandersetzungen mit Behörden nicht gescheut wurden. Denn obwohl die Stadtverwaltung die Mobilisierung der Bürger selbst angestoßen hatte, mußen viele Behörden erst von den Nachbarschaftsorganisationen zu einer Kooperation erzogen werden.[40] Auch kam es wiederholt zu Konflikten, wenn die von der Stadt geförderten Nachbarschaftsvereinigungen die Interessen der Armen gegen die der Stadt verteidigen mußten.[41] Da sich aber Bürgermeister Lee weitgehend mit den „Community Action Programs" identifizierte, konnten fast alle Konflikte durch Kompromisse überwunden werden.

Die einzige hartnäckige Opposition gegen die Mitbestimmung der Slumbewohner kam von Lehrergruppen und den freien Wohlfahrtsverbänden,[42] deren pädagogisches beziehungsweise fürsorgerisches Selbstverständnis sich anscheinend nicht mit der politischen Mündigkeit der Bürger zur Deckung bringen ließ. Nach Clark und

38 Vgl. New Haven Redevelopment Agency, A History, aaO, S. 15.

39 Vgl. M. Homman, Symbolic Bells in Dixwell, In: The Architectural Forum, Juli – August 1966, o. S.

40 Vgl. K. B. Clark – J. Hopkins, aaO, S. 140.

41 Vgl. ebd., S. 148/149.

42 Vgl. ebd., S. 137.

Hopkins hat sich das Establishment der Wohlfahrts- und Gesundheitsfürsorgeverbände durch seine Orientierung an Mittelschichtnormen sowie an der Betreuung Abhängiger und durch seine Befürchtungen der Machteinbuße als ernsteste Bedrohung aller Selbsthilfe- und „Community Action"-Organisationen erwiesen.[43]

New Havens Bürgermeister Lee bewertete die Eigenaktivität der Nachbarschaftsgruppen dagegen nicht als Bedrohung, sondern als Chance. Das schloß Machtkämpfe zwischen der Stadt und einigen Gruppen nicht aus. Oft wurde die neue Rolle der Bürgerorganisationen von ihnen selbst nicht verstanden, und es bedurfte eines Reifungsprozesses und vieler Diskussionsveranstaltungen, um zu einer Zusammenarbeit zu gelangen. Da die Stadt nicht nur auf die Pläne und Vorschläge der Nachbarschaftsgruppen wartete, sondern auf dem Hintergrund eines gesamtstädtischen Entwicklungsplanes eigene Vorstellungen konzipierte, waren oft lange Werbe- und Aufklärungskampagnen nötig, um die Forderungen des Gesamtplanes der Öffentlichkeit nahezubringen und den Boden für Kompromisse mit Nachbarschaftsgruppen vorzubereiten.[44] Dieser Prozeß nahm selbstverständlich sehr viel mehr Zeit in Anspruch als ein rein dirigistisches Verfahren. Nicht selten mußte das langwierige demokratische Vorgehen um einer raschen Maßnahme zur Beseitigung von untragbaren Slumbedingungen willen durchbrochen werden. Die Verzögerungen der Sanierungsarbeiten in New Havens Hill-Bezirk waren mit eine Ursache für die Unruhen von 1968.[45] Auch zeigte sich, daß in Gemeinden New Englands, die noch durch ein „Town Meeting Government", durch eine direkte Volksdemokratie regiert werden, Sanierungsvorhaben am schwierigsten zu realisieren waren.[46] Da aber andererseits eine Stadterneuerung von oben und ohne das Engagement der Bürgerschaft gewöhnlich an den eigent-

[43] Vgl. ebd., S. 160–164.

[44] Ein gutes Beispiel dafür war die Werbe- und Überzeugungsarbeit der Stadtplanerin Mary Small in der Wooster Square-Gemeinde. Vgl. M. S. Hommann, Neighborhood Rehabilitation, aaO, o. S., ferner: N. Maurer, Redevelopment In Newhallville: ‚People Involvement' Is The Theme. In: The New Haven Register, 20. Okt. 1968, S. 6–8 und R. Lowe, Cities in a Race, aaO, S. 471.

[45] Vgl. A. Talbot, aaO, S. 25.

[46] Vgl. South Central Connecticut Planning Region, aaO, S. 19.

lichen Bedürfnissen vorbeigeht – zumal diese Planungen häufig allein von fiskalischen Überlegungen beherrscht werden –, muß um der Einbeziehung der Bürger willen eine geringere Effizienz in Kauf genommen werden. Auch können Verzögerungen weitgehend vermieden werden, wenn im Rahmen einer langfristigen Planung die Öffentlichkeitsarbeit und die Beteiligung der Bewohner rechtzeitig in Gang gesetzt werden.

Einer Stadt kann nichts Besseres geschehen, als wenn Bürger Stadterneuerung zu ihrem eigenen Anliegen machen, für das sie auch bereit sind, auf die Barrikaden zu gehen.[47] Clark und Hopkins nennen als Kriterien für den Erfolg der „Community-Action"-Programme von New Haven:

1. Ein klares und widerspruchsloses Konzept der Stadterneuerung,
2. eine effektive Führung der beteiligten Teams,
3. eine enge Allianz zwischen dem Bürgermeister und dem Leiter des Erneuerungsprogramms,
4. die Integration der Einzelprogramme in die Bedürfnisse der Gesamtgemeinde und ein allgemeines Engagement für die Stadterneuerung, und
5. echte Verbesserungen der Lebensverhältnisse der Armen, vor allem durch Bildungsprogramme und Wohnungsbeschaffung.[48]

Wie bereits früher gezeigt wurde, stößt aber auch New Havens „Erfolg" und die Kooperation zwischen Bürgerschaft und Stadtverwaltung dort an ihre Grenze, wo langfristige historische Fehlentwicklungen das wirtschaftliche Fundament der Stadt ausgehöhlt haben und die spärlicher werdenden Bundeszuschüsse die Ziele der gemeinsamen Anstrengungen wieder in die Ferne rücken.

Doch haben die positiven Erfahrungen New Havens mit Nachbarschaftsgruppen die Bundesgesetzgebung inspiriert, die Teilnahme der Bürger (Citizen Participation) allen Erneuerungsprogrammen im Rahmen der „Model City" zur Pflicht zu machen. Die Formulierung in der Section 103 (a)(2) des „Demonstration Cities and Metropolitan Development Act" von 1966 spricht zwar nur

[47] So boten sich Bürger in New Haven an, als Pressure Group zur Bundesbehörde nach Washington zu fahren, um die Bewilligung ihrer Pläne zu erreichen. Vgl. N. Maurer, aaO, S. 6.

[48] aaO, S. 213.

von „breit gestreuter Einbeziehung der Bürger in das Programm“[49], doch Ausführungsbestimmungen erläutern näher, was gemeint ist; nämlich:

1. Das konstruktive Mitwirken von Bürgern des Modellgebietes und der Stadt insgesamt in den Planungen und Ausführungen des Programms und
2. die Bereitstellung von Mitteln und Möglichkeiten, um den Aspekt der Bewohner in die Entscheidungen und ihre aktive Mitwirkung in die Planung und Ausführung einzubringen.

Diese Forderung entspringt der Überzeugung, daß die Verbesserung der Lebenssituation der Bewohner der Modell-Nachbarschaft nur erreicht werden kann mit der unterstützenden Aktivität der Leute selbst. Dies verlangt die Entwicklung von Selbstvertrauen, Kompetenz und der Motivation, an der Lösung der Gemeindeprobleme effektiv mitzuwirken.[50]

Das erzwingt eine gewisse Organisationsstruktur und Führungskräfte, die von den Bewohnern als ihre Interessenvertreter anerkannt sind. Sie müssen unmittelbaren Zugang zu Maßnahmen, Planung und Programmentscheidungen haben, damit die eigenen Anliegen der Nachbarschaften eingebracht werden können. Dazu ist erforderlich, daß sie über genügend Informationen und Zeit verfügen, um ihre Entscheidungen vorzubereiten und zu diskutieren. Auch muß den Nachbarschaftsvertretern entsprechende technische Beratung gewährt werden. Wo aus finanziellen Gründen der Nachbarschaftsvertreter nicht teilnehmen kann, sollen Mittel für Babysitter, Fahrtkosten und Verdienstausfall bereitgestellt werden. In den Planungsbüros und bei der Ausführung der Programme sollen möglichst viele Bewohner der betreffenden Nachbarschaft eingestellt werden, wobei gegebenenfalls Trainingskurse vermittelt und lokale Einstellungsbedingungen des öffentlichen Dienstes modifiziert werden sollen.[51]

[49] „widespread citizen participation in the program“.

[50] Citizen Participation – City Demonstration Agency. Letter No. 3 vom 30. 11. 1967, S. 1.

[51] Vgl. ebd., Seite 1 und 2 ferner Department of HUD, Local Public Agency. Letter No. 458 (24. Juni 1968) und Attachments, Subject: Increased Citizen Participation in Urban Renewal Projects, ferner dass. Improving the Quality of Urban Life, aaO, S. 20/21.

Nimmt man nun noch die vergleichbaren Bestimmungen des „Economic Opportunity Act“ von 1964 über das „Community Action Program“ hinzu, das von der „höchstmöglichen Teilnahme der Bewohner“[52] spricht, so bieten die gesetzlichen Grundlagen der bürgerlichen Mitbestimmung ein weites Feld. In der Tat können diese Möglichkeiten extensiver ausgelegt werden, als es der Gesetzgeber im Sinn hatte, und die Bestimmungen haben vermutlich nur deshalb den Kongreß unverändert durchlaufen, weil sich damals niemand etwas unter „Community Action“ und unter einer selbstbewußten „Citizen Participation“ vorstellen konnte.[53]

Doch bereits 1965 entstanden die ersten offiziösen Stellungnahmen gegen eine Beteiligung der Armen an der Planung. Sie sollten lediglich an der Durchführung partizipieren. Die Überwindung der politischen Apathie armer Bevölkerungsgruppen durch ihre Aktivierung flößte Politikern Angst ein.[54] Sie bangten um das politische Gleichgewicht, „das davon abhängig ist, daß viele sich darauf beschränken, ab und zu zur Wahl zu gehen“.[55] Darum wurden bereits 1966, als Konzession an Behörden und den Kongreß, die Mittel für „Community Action“-Programme gekürzt und diese den Stadtverwaltungen unterstellt.[56] Auch wurde die Rolle des ursprünglich so flexiblen und undogmatisch vorgehenden Office of Economic Opportunity zunehmend eingeengt. 1970 wurde sein wirkungsvollstes Programm, Head Start, dem US Department of Health, Education and Welfare eingegliedert. Seinem „domestic peace corps“, VISTA (Volonteers in Service to America), versucht Nixon nun ein anderes, mehr konservatives Image zu verleihen, indem Rentner als Freiwillige geworben werden. Die von den jungen VISTA-Mitarbeitern mobilisierten Armen wurden den Stadtverwaltungen zu unbequem und setzten die „Citizen Participation“ wörtlicher und politischer um, als es den lokalen Behörden lieb war. Die Armen lernten

52 Vgl. Title II, Section 202 (3).

53 Vgl. J. C. Donovan, aaO, S. 40, ferner Oakland Task Force, An Analysis of Federal Decission-Making and Impact: The Federal Government In Oakland. Washington 1969, S. 72/73.

54 Vgl. J. C. Donovan, aaO, S. 58/60.

55 E. E. Schattschneider zit. b. J. C. Donovan, aaO, S. 61.

56 Vgl. ebd., S. 80 und 136 und 137.

unter der Anleitung von VISTA ihre Bürgerrechte zu beanspruchen. Als schließlich im Juni 1970 die Gouverneure von Utah, Arizona und Hawaii VISTA-Mitarbeiter in Washington als Unruhestifter unter den Armen, besonders unter den Indianern, verklagten, bemühte sich Nixon um die Anwerbung von unpolitischen Freiwilligen.[57]

Dem Office of Economic Opportunity kann ebenfalls vorgeworfen werden, daß es die von ihm selbst initiierten Selbsthilfeaktionen der Armen und der Community Organizations immer dann im Stich gelassen hat, wenn es zu Konflikten mit dem lokalen Establishment kam.[58] Nur in seltenen Fällen hat Washington Community Organizations gegenüber lokalen Behörden gestützt.[59]

So sehr einerseits die Bundesbehörden darauf bestehen, daß im Rahmen des Model City-Programmes Bürgergruppen beteiligt werden, und viele Zuschüsse wegen mangelnder Beteiligung verweigert werden,[60] so scheint man andererseits eine extensive Auslegung durch die Bürgergruppen und die notwendig folgenden Auseinandersetzungen zu fürchten. Auch sind die Stadtverwaltungen zwar auf das Geld von Model City angewiesen, gewöhnlich aber nicht bereit, die soziale Intention von Model City zu übernehmen.[61] Man ist geneigt, dem Bürger die städtischen Planungen zu erläutern und ihm nahezubringen. New York Citys einstiger Bürgermeister Wagner formulierte: „Durch die Teilnahme der Bürger können die allgemeinen Ziele und Maßnahmen der Regierung auf Nachbar-

[57] Vgl. o. Autor, Nixon Seeking a Softer Image for VISTA. In: NYT 14. 6. 70.

[58] Vgl. K. B. Clark, J. Hopkins, aaO, S. 155/156. Die damit aufgeworfene Frage von der Loyalität der staatlich geworbenen oder angestellten Mitarbeiter gegenüber lokalen Behörden werden wir im nächsten Kapitel aufgreifen.

[59] Vgl. U.S. Dept. of HUD, Region IV, Citizen Participation Today – Conference Report, Chicago 1968, S. 27.

[60] Vgl. z. B. US. Dept. of HUD, The Model Cities Program – A History and Analysis of the Planning Process in Three Cities ... Washington 1969, S. 9.

[61] Vgl. St. Thernstrom, Poverty, Planning, and Politics in the New Boston. New York – London 1969, S. 177/178.

schaftsgröße zugeschnitten und für den Bürger als Individuum bedeutsam gemacht werden."[62]

Doch Erläuterung der Pläne bedeutet noch keine Mitbestimmung. Trotz der negativen Erfahrungen der Stadtverwaltungen mit Unruhen und Protesten der Planungsbetroffenen, und trotz der positiven Ergebnisse New Havens werden die Meinungen und die Mitwirkung der Bewohner von vielen Behörden nicht ernstgenommen, sondern eher als Störung und Einmischung in fremde Kompetenzen betrachtet.[63] Da man aber gezwungen ist, die Vorschriften zu erfüllen, wird „Citizen Participation" häufig zur bloßen Farce. Die Bürger werden weiterhin bevormundet und ihre Eigeninitiative wird gelähmt.[64]

Doch gibt es Gegenbeispiele. So lassen sich am Model City-Programm von Buffalo wirksame Formen der Zusammenarbeit zwischen Slumbewohnern und planenden Behörden aufzeigen.

Zum Verständnis der Ausgangssituation in Buffalo sollen einige Daten über dieses Model City-Gebiet genannt werden: Seit 1950 zogen aus der Innenstadt Buffalos 150 000 Weiße fort und 55 000 Neger und Puerto Ricaner ein. In der Industrie wurden seit 1964 38 000 Arbeitsplätze geschlossen und im Kleinhandel 14 000. 16,5% der Neger sind arbeitslos. Von allen High School-Anfängern erreichten nur 44% das Abschlußdiplom. Von 1614 „dropouts" konnten 1963 nur 24 durch den New York State Employment Service in Arbeitstellen vermittelt werden. Über 30% der Familien des Erneuerungsbezirks verdienen jährlich weniger als 3000 Dollar, 7% sogar weniger als 1000 Dollar. 37% der Häuser sind „substandard".[65]

Struktur des Programms: Die untere Basis der Zusammenarbeit bilden 10 „Program Committees" für Kultur, Gesundheit, Wohnung, Sozialhilfe, Erholung, Arbeit, Erziehung, wirtschaftliche Entwicklung, öffentliche Sicherheit und Verkehr. Die Kommittees tagen

[62] Zit. in New York City Planning Commission, New York City's Renewal Strategy, aaO, S. 8.

[63] Vgl. US. Dept. of HUD, Region IV, aaO, S. 8.

[64] Vgl. ebd., S. 20 und S. 7.

[65] Vgl. Model City Program, Buffalo, New York Part I 1969, S. 29 bis 35; ferner: Flugblatt zum Programm.

öffentlich. Sie werden durch je eine Untergruppe (Task Force) geleitet, die mindestens 9, höchstens 18 Mitglieder umfaßt, von denen mindestens 3 aus dem Erneuerungsgebiet stammen müssen. Von diesen 3 Bewohnern soll einer die Jugend zwischen 16 und 21 Jahren repräsentieren. Diese Untergruppe trifft sich wöchentlich mindestens einmal und nach Bedarf mit dem gesamten „Program-Committee". Eine „Technical Assistance Group" aus 120 Experten der verschiedensten Bereiche steht zur Verfügung, um technische oder Finanzierungsfragen innerhalb der »Program Committees" zu beraten bzw. die für Entscheidungen notwendigen Materialien zur Verfügung zu stellen. Über die in den „Program Committees" entwickelten Vorschläge wird dann in dem „Review and Referral Board" entschieden. Hier wird Koordinierungsarbeit geleistet und mit dem Bürgermeister, dem Gemeinderat (Common Council) und der besonderen, übergeordneten Instanz, der „City Demonstration Agency" verhandelt. Der „Review and Referral Board" wird von 30 Repräsentanten des Sanierungsgebietes (von denen 10 Jugendliche zwischen 16 bis 21 Jahren sein sollen) und 10 vom Bürgermeister bestimmten Mitgliedern gebildet. Die Vertreter des Sanierungsgebietes sollen in den „Program Committees" gewählt werden. Mindestens 20% von ihnen müssen Neger sein. Der Board tagt mindestens einmal monatlich, nach Bedarf aber mehr.[66]

Innerhalb des geschilderten organisatorischen Rahmens vollzieht sich die Teilnahme der Bürger folgendermaßen: Durch Werbungen in den Zeitungen wird jeder Bürger auf die Treffen der „Program Committees" hingewiesen. Wenn er zum erstenmal teilnimmt, wird seine Anschrift notiert und er bekommt in Zukunft alle Arbeitsmaterialien, Informationen und die „Buffalo Model City"-Zeitung zugeschickt. Hat sich der Bürger als Bewohner des Erneuerungsgebietes ausgewiesen, so ist er zur vollen Mitarbeit stimmberechtigt. Dieses „open interest"-System soll sich bewährt haben, da es jedem Bürger zugänglich bleibt und das Interesse aller wachhält.[67]

[66] Vgl. The Buffalo Model City Organization Charter, Buff. o. J.; außerdem führten wir Gespräche mit Vertretern der City Demonstration Agency.

[67] Interview

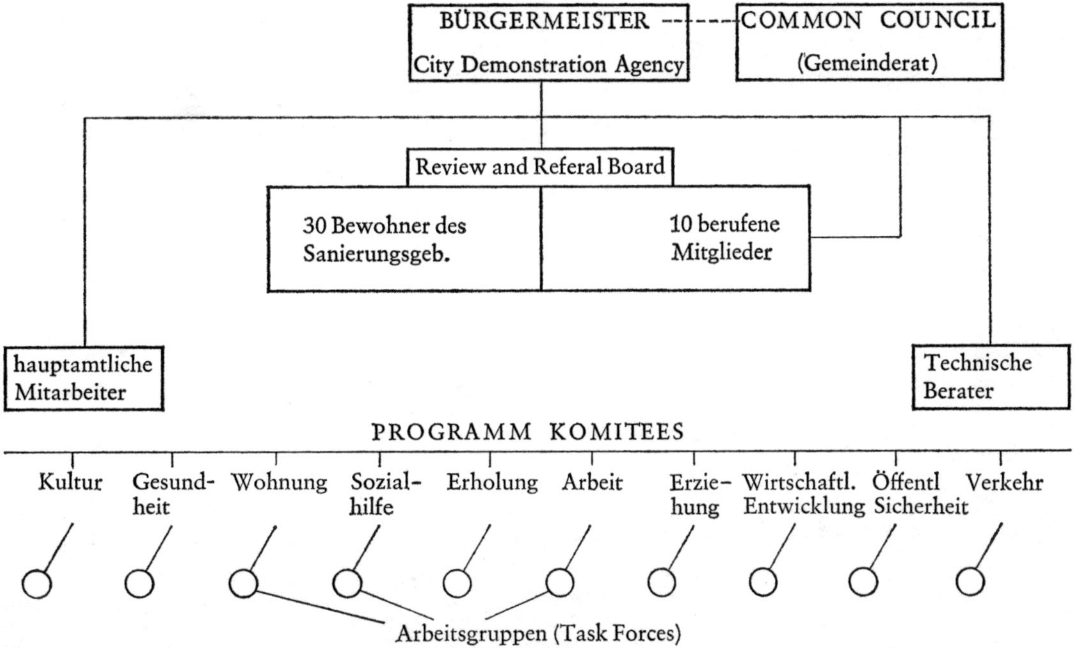

Abb. I. Buffalo „Model City“ Organisations-Struktur

Der eigentliche Planungsprozeß geht so vor sich, daß Vorschläge des „Program Committee“, die also jeder Bürger unterbreiten kann, von der Arbeitsgruppe aufgegriffen und ausgearbeitet werden, um dann erneut im „Program Committee“ zur Diskussion zu stehen. Danach geht der Vorschlag zu den von der „Model City Agency“ beschäftigten technischen Beratern (technical writers), die auch den „Program Committes“ zur Verfügung stehen. Diese versuchen, den Vorschlag mit den gesetzlichen Bestimmungen in Einklang zu bringen und Realisierungs- und Finanzierungsmöglichkeiten zu prüfen. Versehen mit solchen Informationen geht der Vorschlag wiederum zur Beratung ins „Program Committee“. Bei Modifizierungsvorschlägen werden die technischen Bearbeiter nochmals eingeschaltet. Nach Verabschiedung durch das „Program Committee“ geht der Vorschlag zur Beurteilung in den „Review and Referral Board“. Hier wird vor allem die Verbindung der einzelnen Vorschläge oder des Teilplanes mit dem gesamten Erneuerungsprojekt geprüft und entweder für gut befunden und verabschiedet oder zur Abänderung an das „Program Committee“ zurückgesandt.[68] Die folgende Graphik veranschaulicht diesen Prozeß:

Abb. II. Planungsprozeß

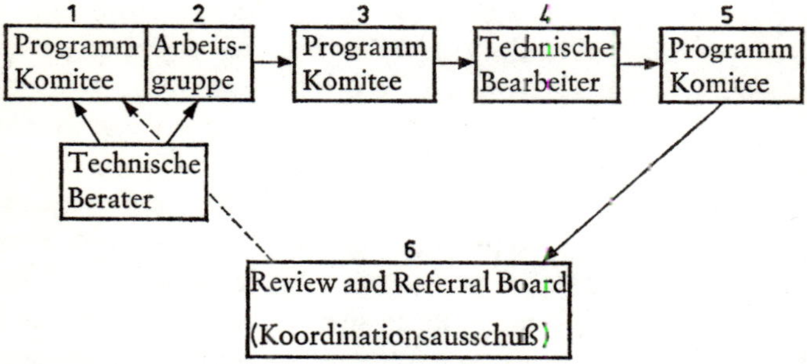

1. Vorschlag, 2. Weiterentwicklung, 3. Prüfung, 4. Technische Bearbeitung und Ergänzung, 5. Erneute Begutachtung oder Modifizierung, 6. Prüfung, Koordinierung, Verabschiedung oder Zurücksendung.[69]

[68] Vgl. Model City Program, Buffalo, New York, Part III, 1969, S. 352–354.

[69] Vgl. ebd., Seite 354 (die dortige Graphik wurde zur besseren Übersichtlichkeit leicht modifiziert).

Dieses Planungssystem ist zwar zeitraubend, vor allem durch das Hinzukommen immer neuer Bürger und die große Zahl der Mitwirkenden, doch garantiert es in hohem Umfang die bürgerliche Mitbestimmung, zumal die hauptamtlichen Angestellten auch nach ihrer Eignung zur Zusammenarbeit mit Bewohnern ausgewählt worden sind. Nach dem ersten Jahr gemeinsamen Arbeitens, das als Lern- und Einübungsphase viele Schwierigkeiten bot, wurde diese Organisationsstruktur als erfolgversprechend beurteilt.[70] Wie weit sie diese Prognose erfüllt, muß die Zukunft erweisen.

Nachdem an diesem Beispiel veranschaulicht werden konnte, daß die Bundesvorschriften für „Citizen Participation" im Model City-Programm realisiert werden können, sollen nun einige von uns besuchte Community Organizations beschrieben werden, um ihre Rolle im Prozeß der Stadterneuerung darzustellen.

„Strycker's Bay Neighborhood Council"[71]

1958 wurde ein »Urban Renewal Board" für die Erneuerung der West Side Manhattans gegründet. Dieses Gebiet zwischen dem Central Park und dem Hudson war in den 50er Jahren zum Einwanderungszentrum für Puertorikaner geworden, da der überalterte Hausbestand relativ preisgünstige Wohnungen bot. Zwischen 1950 und 1956 stieg die Bevölkerung um 16%, ohne daß Neubauten errichtet wurden. Während 6800 Weiße von hier in Suburbs zogen, wuchs die Zahl der Puertorikaner in 6 Jahren von 1700 auf 13 000. 1956 lebten in einem Wohngebiet, in dem nur 4500 Personen angemessen wohnen konnten, 10 400. Die Zahl der Kinder unter 15 Jahren verdoppelte sich innerhalb von 6 Jahren, so daß die Schulen überfordert wurden.[72] Neben der Bevölkerungsumschichtung und -fluktuation (zum Beispiel wechselten 50% der Schülerschaft jährlich) und der Übervölkerung zeigten sich als weitere Slumsymptome eine hohe Spekulationsrate, ein großer Anteil an verwahrlosten und abbruchreifen Häusern und ein allgemeiner Wertverlust des Gebietes. (Der Umfang an Hypothekengeldern ging von 3 auf 1,5 Millio-

[70] Interviewantwort.

[71] Adresse: 600 Columbus Ave. NY, NY 10 024. Wir interviewten Lynn Shea, eine leitende Mitarbeiterin des Councils.

[72] Vgl. New York City-Planning Commission, Urban Renewal, New York 1958, S. 7–10.

nen Dollar zurück und beschränkte sich zu 65% auf kurzfristige Darlehen.)[73]

Die Lebenssituation der West Side ist eindringlich von J. P. Lyford beschrieben[74] und von der wiederholt zitierten Greenleigh Association Inc.-Studie analysiert worden.[75] Als wichtiger Index für die wirtschaftliche Lage der Bevölkerung sei nur genannt, daß von 17 900 erfaßten Familien 5700 (32%) weniger als 3000 Dollar jährlich und 2900 (15%) zwischen 3000 und 5000 Dollar jährliches Einkommen hatten. Das heißt, fast 50% gehörten zu der Gruppe mit niedrigen Einkommen.[76] Die ursprüngliche Erneuerungsplanung sah trotzdem nur 200 Einheiten billige Wohnungen neben 1200 für mittlere und hohe Einkommen vor,[77] so daß ein großer Teil der Armen von Vertreibung bedroht war. Diese Gefahr löste Kampfmaßnahmen verschiedener Nachbarschaftsorganisationen aus.

Das Erneuerungsgebiet besaß eine Reihe aktiver Bürgervereine, doch waren die zugewanderten Puertorikaner kaum organisiert.[78] Auch gab es zwischen den bestehenden Vereinen nur selten Querverbindungen, so daß die Bemühungen um Mitsprache im Erneuerungsprozeß fragmentarisch und unkoordiniert blieben.[79] Die oppositionellen kleinen Kaufleute, Mietervereine und Kirchen konnten nur wenig ausrichten. Erst das beginnende Stadterneuerungsprojekt und die Welle der Räumungsbefehle brachte die heterogenen Gruppen zusammen. So vereinigte der „Provisional Council of Organizations“ 17 Gruppen. Zu einer aussichtsreicheren gemeinsamen Strategie kam es aber erst 1959 durch die Gründung des „Strycker's Bay Neighborhood Council“,[80] bei der Father Henry J. Browne als Sprecher „for the little man“ eine bedeutende Rolle spielte.

[73] Vgl. ebd., S. 28–33.

[74] The airtight cage; a study of New York's West Side. New York 1966.

[75] Diagnostic Survey, aaO.

[76] Vgl. New York City Planning Commission, aaO, S. 26.

[77] Vgl. J. C. Davies III, aaO, S. 122. Im Interview wurden 400 Einheiten als ursprüngliche Quote angegeben.

[78] Vgl. ebd., S. 115.

[79] Vgl. New York City Planning Commission, aaO, S. 39.

[80] Vgl. ebd., Seite 38 und J. C. Davies III, aaO, S. 124.

Den im „Strycker's Bay Neighborhood Council" vereinigten Nachbarschaftsgruppen gelang es in siebenjährigen Kämpfen und Verhandlungen mit der Stadtverwaltung, die Erneuerungsplanung so zu ändern, daß statt 200 nunmehr 2500 Einheiten billiger Wohnungen und daneben 4900 für mittlere und 2000 für hohe Mieten vorgesehen wurden. Dazu bedurfte es unter anderem auch der Drohung, den ganzen Sanierungs-Plan vor Gericht zu bringen, da er den Bau von Luxuswohnungen unzulässig begünstigte.[81] Auch wurde versucht, die Sanierung so lange zu blockieren, bis die Bedürfnisse der West Side-Bewohner ausreichend berücksichtigt und neue Wohnungen für Umsiedlungen beschafft wurden. Es kam zu Protesten gegen die mangelnde Einbeziehung der Armen in die Planung von Public Housing und gegen die steigenden Kosten bei Wohnungen, die ursprünglich für mittlere Einkommen vorgesehen waren. Auch fuhren Delegationen von Nachbarschaftsorganisationen dreimal nach Washington, um Einfluß auf die Formulierungen des Housing Act zu nehmen. Durch einen ausgedehnten Mietstreik wurden überhöhte Mietforderungen bekämpft. Bei Räumungsbefehlen wurde Widerstand geleistet, wenn die Unterbringung der Familien nicht hinreichend gesichert war. Zur Erleichterung der Umsetzung wurde „vest pocket"-Erneuerung betrieben, wobei einige Häuser auf freien Grundstücken errichtet wurden, die anliegenden Bewohner dorthin umgesiedelt und erst dann ihre bisherigen Wohnungen renoviert oder abgerissen wurden. Die Belegung der neuen Wohnung wurde vom Strycker's Bay Neighborhood Council überwacht.[82] Vergeblich kämpfte der Neighborhood Council um eine stärkere Berücksichtigung der großen Familien, denn 180 von ihnen hatten keine angemessenen Wohnungsaussichten. Außerdem konnte die Art des Public Housing nicht wirksam genug beeinflußt werden.[83]

Der Strycker's Bay Neighborhood Council beschränkte sich aber nicht auf die Bau- und Wohnungsfragen, sondern organisierte einen Schulstreik und forderte eine Versuchsschule, um eine Verbesse-

[81] Vgl. Strycker's Bay Neighborhood Council, Inc., Annual Report 1968/69, S. 5.

[82] Vgl. ebd., S. 2–13.

[83] Vgl. ebd., S. 2, 8 und 9.

rung des Bildungsangebotes zu erreichen, unterstützte das „Welfare Rights Movement“ mit Reformvorschlägen, förderte den Aufbau von Gesundheitszentren und verteidigte die kleinen Ladenbesitzer. Das eigene „Neighborhood Youth Corps“ vermittelte Arbeitsplätze an über 500 Jugendliche und verlangte, daß Slumbewohner zu Abbruch- und Bauarbeiten eingestellt wurden. Weitere wichtige Funktionen des Councils lagen in der Anregung von wissenschaftlichen Untersuchungen über die Entwicklung des Erneuerungsgebietes, im Kontakt und Erfahrungsaustausch mit anderen Community Organizations in New York und darüber hinaus, in der Koordinierung der verschiedenen behördlichen Angebote und dem Aufbau einer „Citywide Organization for Housing of the Poor“.[84]

Der Council hat sich selbst zur Aufgabe gesetzt, das Selbstverständnis und den Informationsfluß der Nachbarschaften zu fördern, ein Forum zur Austragung unterschiedlicher Interessen zwischen den Bürgergruppen zu bieten und Wege zur Durchsetzung gemeinsamer Bedürfnisse zu entwickeln.[85]

Die Arbeit des Councils kann insofern als erfolgreich bezeichnet werden, als die ursprünglichen Stadterneuerungspläne weitgehend zugunsten der Bewohner verändert wurden, als die wiederholten Mobilisierungen von Bürgergruppen zu Kampfmaßnahmen gelangen und als der Council eine effektive „Wachhund“- und Vermittlungsfunktion gegenüber den Behörden entwickelte.

Die Erneuerungsmaßnahmen haben inzwischen das Gesicht der West Side stark verändert und wieder in hohem Maße private Investitionen angeregt. Obwohl die ursprüngliche Planung eine Verdünnung der Bevölkerung vorsah, ist inzwischen die Besiedlungsdichte durch neue Hochbauten eher gewachsen. Auch stieg das Durchschnittseinkommen durch den Zuzug mittlerer und höherer Einkommensgruppen, die auch zu einer Mischung der Bevölkerungsstruktur führten.[86] Ob die wirtschaftliche Situation der Puertorikaner und anderer armer Bevölkerungsgruppen im Zuge dieses Erneuerungsprojektes nachhaltig verbessert werden konnte, ist bisher

[84] Vgl. ebd., S. III, 14–25.

[85] Vgl. ders., The Future Directions of Strycker's Bay Neighborhood Council, Manuskript vom 18. Dezember 1969, S. 1–5.

[86] Vgl. New York City Planning Commission, aaO, S. 42, 43 und 66.

nicht nachgewiesen worden und bleibt zu bezweifeln, da nur die Bautätigkeit neue Arbeitsplätze schuf. Bei der Verbesserung der wirtschaftlichen Grundlagen mußte die Wirksamkeit dieser Community Organization bald an ihre Grenze stoßen.

„Massive Economic Neighborhood Development, East Harlem"[87], MEND, wie sich diese Organisation abgekürzt nennt, unterscheidet sich in ihrem sozialen Hintergrund und in ihrer Arbeitsweise erheblich von „Strycker's Bay Neighborhood Council".

East Harlem besitzt mit seinen 260 000 Einwohnern eine von der West Side, aber auch von Central Harlem, abweichende Bevölkerung, die sich aus Nachkommen italienischer, deutscher und spanisch sprechender Einwanderer zusammensetzt. Die Bewohner wehren sich heftig gegen die Bezeichnung ihrer Wohngegend als Slum, obwohl alle äußeren Anzeichen darauf hinzuweisen scheinen. Auch wollen sie nicht mit der schwarzen Bevölkerung von Central Harlem identifiziert werden, sondern pflegen ein ausgeprägtes Lokalbewußtsein. Dieses wiederum ist für die relative Stabilität der Nachbarschaft wichtig. Der Baubestand ist in East Harlem meist schlechter als in Central Harlem mit seinen ehemaligen Luxuswohnungen. Die einzigen Neubauten sind Public Housing-Projekte und nur der Südteil scheint durch seine Nähe zum Central Park und zur vornehmen East Side für private Bauinvestitionen und größere Urban Renewal-Vorhaben attraktiv zu sein.

MEND wurde 1964 gegründet und versteht sich als eine Organisation zur Anregung, Förderung und Koordinierung zahlreicher Selbsthilfe- und Slumbekämpfungsprogramme. Obwohl sie von öffentlichen Mitteln finanziert wird, liegt sie ganz in den Händen der Bewohner von East Harlem. 120 hauptamtliche Mitarbeiter sind in zahlreichen Programmen tätig.[88] Dazu gehören Kinderhorte, Head Start Centers, „after school study" Centers zur Verhin-

[87] Wir haben mehrere Interviews mit Mitarbeitern dieser Organisation durchgeführt. Die im folgenden nicht mit Fußnoten gekennzeichneten Daten stammen aus diesen Interviews. Die Adresse des Hauptbüros lautet: 200 East 116 th Street, New York, NY.

[88] Vgl. Mend, The Alliance for Community Development, New York o. Jahr, Seite 8; ferner: dies., When the Poor Have A Voice. New York, o. J.

derung oder Fortbildung von „drop-outs“, Erwachsenen- und Berufsbildung, Management Training, Arbeitsbeschaffung und Industrieansiedlungsprogramme, ein „Youth Against Crime Program“, ein Rauschgiftverhütungsprojekt, Universitätskurse, Wohnungsbeschaffung und vieles andere.[89] Auch ein großes Altersheim wird von MEND getragen.

Um sich mit Konsumerziehung allein nicht zufrieden zu geben, eröffnete MEND kooperative Läden nach dem Muster von Konsumgenossenschaften, um die überhöhten Preise vieler Geschäfte in Slums zu unterbieten.[90]

Eine besonders wichtige Einrichtung von MEND sind die „Credit Unions“, Banken des armen Mannes. Wie fast in allen Slums ist der Zufluß von Darlehen und Hypotheken von außerhalb nach East Harlem völlig zum Erliegen gekommen. Gleichzeitig stiegen die Wucherzinsen der lokalen Verleiher, die nicht selten 6 Dollar zurückforderten, wenn sie 5 Dollar für eine Woche ausliehen (= 1040% Zinsen im Jahr).[91] Das Union Settlement,[92] das Mitglied von MEND ist, gründete 1957 eine kleine Darlehenskasse, bei der lediglich Angestellte des Settlements Vorschüsse auf ihre Gehälter bekommen konnten. Seit 1963 öffnete sich die Credit Union auch allen Mitgliedern des Settlements und den lokalen Bewohnern, wobei die Vermehrung der Konten nur langsam vorgenommen wurde. 1967 stammten 72% aller Benutzer aus der Gemeinde und nur noch 11% waren gegenwärtige Mitarbeiter (4% waren ehemalige Mitarbeiter und 13% waren Sparer von außerhalb Harlems).[93] 70% der Mitglieder der Credit Union verdienten weniger als 5000 Dollar jährlich und zählten zu den Armen. Folgende Tabelle gibt einen genaueren Überblick:

89 Vgl. ebd., S. 1/23.

90 Vgl. Cooperative Association of East Harlem, Inc., Co-op Newsletter Januar 1970, S. 1–4.

91 Vgl. Union Settlement Federal Credit Union, 10 Year Anniversarys Report, S. 5.

92 Adresse: 237 East 104 th Street, New York, NY 10029. Wir besuchten diese Einrichtung.

93 Vgl. ebd., S. 3.

Tab. II[94]

Familieneinkommen		*Berufszugehörigkeit*	
arbeitslos	18%	arbeitslos	20%
0–3000 $	17%	ungelernt	25%
3–5000 $	35%	Blue Collar Arbeiter	35%
5–8000 $	20%	White Collar Arbeiter	7%
8000 und mehr $	10%	Professional	13%
	100%		100%

In den Vorstand wurden Vertreter der einkommensschwachen Gruppen berufen, um die Credit Union nach den spezifischen Bedürfnissen auszurichten und die Brücke zu den Kunden herzustellen. Sie halfen, den schmalen Grat zwischen Bankrott und Dienst an den Armen zu finden. Eine von ihnen gingen Freitag abends bei den von ihnen geworbenen Kunden herum und sammelten die Rückzahlungen ein, oder sie beurteilten die Kreditwürdigkeit eines neuen Bewerbers.[95] Ungünstig war, daß 6,1% der Mitglieder 64,5% der Spareinlagen besaßen, so daß jeder dieser potenten Sparer, die meist außerhalb Harlems lebten, die Credit Union durch Abhebung seiner Einlagen in Verlegenheit bringen konnte.

Die Armen selbst waren zu eigentlichem Sparen kaum in der Lage. Darum mußten Sparer von außerhalb East Harlems gefunden werden, die die Idee der Credit Union unterstützten. Immerhin zahlt sie 4,8% Zinsen und erhebt nur ein Prozent für Darlehen.

Kunden, die zum ersten Mal ein Darlehen erbitten, erhalten nicht mehr als hundert Dollar, nach deren Rückzahlung auch größere Summen. Seit ihrem Bestehen mußte diese Credit Union nur 12 Darlehensbeträge an Arme oder insgesamt 906,60 Dollar als verloren abschreiben. Wäre diese Verlustziffer kleiner, so müßte sich die Credit Union fragen, ob sie ein angemessenes Engagement und Risiko eingegangen ist. Die 2% Verlust liegen auf dem Niveau des nationalen Durchschnitts, so daß gesagt werden kann, daß Arme nicht schlechter zurückzahlen als wohlhabende Bevölkerungsschichten.[96]

[94] Vgl. ebd., S. 3.
[95] Vgl. ebd., S. 5.
[96] Vgl. ebd., S. 8/9.

Die Credit Union bietet außer den Spar- und Darlehensdiensten eine günstige Lebensversicherung an und ist bemüht, ein eigenes Beerdigungsinstitut zu schaffen, um die außerordentlich hohen Begräbniskosten zu reduzieren.[97]

Die Credit Union ist nur ein Beispiel für die Anstrengungen der Selbsthilfe, die von MEND stimuliert werden und zu einer Regenerierung der Slumnachbarschaften führen soll. Es läßt sich nur schwer beurteilen, welche Bedeutung dieser großen Bürgervereinigung gegenüber den Slumproblemen East Harlems wirklich zukommt. Die Zukunft wird zeigen, ob die „Massive Economic Neighborhood Development" mehr als nur eine Hoffnung ist; das wird davon abhängen, ob es ihr gelingt, den wirtschaftlichen Niedergang East Harlems aufzuhalten.

„Poor People's Planning Coalition", Chicago[98]

Die Entwicklung und Arbeitsweise der „Poor People's Planning Coalition" in Uptown Chicago ist eng verknüpft mit der Person des Reverend Charles (oder Chuck) Geary. Er gründete 1968 die Vereinigung „Voice of the People" und später den Zusammenschluß von 15 Nachbarschaftsorganisationen, die „Coalition", deren Präsident er wurde. Sie repräsentiert ein Slumgebiet im Norden Chicagos mit etwa 65 000 Einwohnern verschiedener ethnischer Herkunft. Neben der kleinen Restgruppe der ursprünglichen weißen Bewohner dieses Gebietes ließen sich hier 28 000 Weiße aus den Appalachen nieder, ehemalige Bergarbeiter und kleine Landwirte, deren Land und Arbeitsplätze nicht genug abwarfen. So kam auch Chuck Geary als Arbeitssuchender nach Chicago.

Neben der großen Gruppe der Appalachen-Weißen leben in Uptown 20 000 Puertorikaner, 10 000 Indianer, 5000 Neger und 2000 Asiaten.[99] Geary gelang es, diese verschiedenen ethnischen Gruppen im Kampf um das gemeinsame Wohngebiet zu vereinen.[100] Chicagos Uptown liegt als eine häßliche Lücke in der

97 Vgl. ebd., S. 11.

98 Adresse: 4700 N. Kenmore, Chicago, Illinois. Wir interviewten Rev. Charles Geary, den Präsidenten und Gründer und seine Vertreterin.

99 Daten stammen aus den Interviews; vgl. Anhang.

100 Diese Zusammenarbeit der verschiedenen Rassen wird symbolisiert mit Buttons, ehemalige Nixon-Agnew-Buttons, von denen Frau

Kette der vornehmen Stadtgebiete entlang dem Seeufer. Die Stadtplanung sah vor, Wohnhäuser von etwa 200 Bewohnern abzureißen und an ihrer Stelle ein City College zu errichten, ohne hinreichende Vorkehrungen für eine Umsiedlung zu treffen.[101] Zu den von Geary geleiteten Protestmaßnahmen gehörte ein „Beerdigungsmarsch" um „an das Sterben und die Hoffnungen des Volkes zu erinnern" und die Drohung, sich auf die Straße zu legen, um die Bulldozer von dem Slumgebiet fernzuhalten. Gleichzeitig strengte Geary mit Unterstützung des Community Legal Council ein Verfahren gegen die Stadt an, die es unterlassen hatte, die Bewohner in die Erneuerungsplanung einzubeziehen und ein Konzept für billige Wohnungen vorzulegen. Auch wurde gemeinsam mit Architekten, vor allem des American Institute of Architects, ein eigenes Konzept zur Umgestaltung des Slumbezirks entworfen und eingereicht. Unter der Bezeichnung „The Village" sah es weitgehende Wiederherstellung der gesunden Gebäude vor, Einführung von Wohn-Kooperativen und Kondominien, Verwandlung einiger Straßen in Fußgängerzonen, die Anlage eines großen Parks mit vielen Erholungsangeboten, Hausbesitz nur für dort Wohnende, ein medizinisches Zentrum, ein Hotel im Besitz der Gemeinde und eine Town Hall mit Kinderhort und vielen Beratungseinrichtungen.[102] Dieses „Village" bot eine Reihe von Ansätzen, die zu einem Modell für Slumsanierung hätten führen können, doch wurde der Plan von der Stadtverwaltung offiziell nie zur Kenntnis genommen.[103] Der Plan der Stadt mußte allerdings aufgrund des Kampfes der Nachbarschaftsorganisation zurückgezogen werden.

Geary 13 000 mit den Farben Gelb, Braun, Rot, Schwarz und Weiß übermalte.

[101] Der Vorwurf, Urban Renewal vertreibe die Armen, sollte durch Chicago wieder einmal bestätigt werden und ist keineswegs nur ein Fehler der ersten Entwicklungsjahre gewesen.

[102] Vgl. „The Village", Flugblatt d. Poor People's Planning im Anhang.

[103] Nach Gesprächen mit Vertretern der städtischen Planungsbehörden und der Analyse ihrer Erneuerungspläne, die mit keinem Wort die Vorstellungen oder auch nur die Existenz der Nachbarschaftsorganisation erwähnen, scheint uns diese Haltung für die Chicagoer Stadtverwaltung bezeichnend zu sein.

Geary und seine Organisation waren wiederholt behördlichen und polizeilichen Repressalien ausgesetzt, wie z. B. durch Zurückhaltung von Wohlfahrtsunterstützung, Arreste durch FBI, Verhaftung und Mißhandlung von Frau Geary und ihrer Tochter durch Polizeibeamte wegen angeblich „ungebührlichen Benehmens" und nächtliche Schüsse auf das Büro der Coalition, deren Herkunft aus Polizeirevolvern vermutet wird.[104]

Die Tätigkeit der Coalition, die sich inzwischen auch mit Nachbarschaftorganisationen der Mittelschicht im Norden Chicagos zusammengetan hat, um Verbündete zu gewinnen, beschränkt sich nicht auf den Kampf gegen städtische Erneuerungspläne, sondern hat einen Kindergarten und eine Schule für Schüler eingerichtet, die von der Normalschule abgelehnt wurden. Diese Einrichtungen werden unter Mitwirkung der Eltern betrieben. Daneben gibt es ein Frühstücks-Programm für unterernährte Kinder, ein umfangreiches Freizeitangebot für Kinder und Jugendliche und eine Arbeitsvermittlungsstelle. Letztere hatte es neben den privaten Vermittlungsbüros, die an der Armut verdienen, und angesichts des Mangels an Arbeitsplätzen besonders schwer. Es konnte 1970 fast nur „one day jobs" vermitteln.

Ein wesentliches Anliegen sieht die Coalition in der Wohnungserhaltung und -beschaffung. Als es Geary in einem Prozeß nicht gelang, den Räumungsbefehl gegen eine Sozialhilfeempfängerin zu verhindern, brachte er sie mit all ihrem Hausrat in den zuständigen „Montrose Urban Progress Center", woraufhin die Beamten sehr schnell eine passende Wohnung fanden, was ihnen vorher angeblich nicht möglich gewesen war.[105]

Die finanzielle Lage der Coalition ist äußerst ungünstig. Nur Geary wird von einer die Slumorganisation unterstützenden Gesellschaft, der „Community Renewal Society" bezahlt.[106] Einige Pro-

104 Vgl. L. Rochey, Chuck Geary who is a „professional hillbilly" moves mountains to help his people. In: Midwest Magazine, 11. Januar 1970, S. 14–17.

105 Vgl. ebd., S. 15.

106 Geary hat auch durch seine Mitwirkung an zwei Fernsehfilmen „American Revolution 2" und „Medium Cool", wo er die Rolle eines Vaters in den Appalachen spielte, verdient, doch teilt er ganz die Armut

jekte, wie zum Beispiel der Kindergarten, erhalten öffentliche Zuschüsse, doch ist die Coalition so arm, daß sie in diesem Jahr ihr Sommerlager für Kinder und Jugendliche verkaufen mußte, um ihre Unkosten zu decken.

Trotz der Erfolge gegen die Vertreibungspläne der Stadt, ist das Gefühl der Ohnmacht gegenüber der mächtigen Stadtverwaltung in der Coalition so stark, daß sie ihre Arbeit niederlegen will, wenn sie in diesem Jahr nicht als Partner anerkannt wird. Geary will dann Chicago verlassen und in anderen, aussichtsreicheren Projekten arbeiten.[107]

Die allgemeine Resignation fand in einer Konvention ihren Ausdruck:

> Wir hörten die Stadtverwaltung sagen: Wir repräsentieren Euch.
> Wir hörten die staatliche Regierung sagen: Wir repräsentieren Euch.
> Wir hörten die Bundesregierung sagen: Wir repräsentieren Euch.
> Aber wir sind immer noch unrepräsentiert.
> Wir hörten die Stadt sagen: Wir wollen Euch helfen. Wir hörten es von der Bundesregierung und den Armutsprogrammen. Nun hören wir es von „Model City".
> Aber – wir sind weiterhin arm.[108]

„Community Renewal Society" Chicago[109]

Die „Community Renewal Society" (CRS) ist keine Nachbarschaftsorganisation, sondern deren Hilfstruppe. Sie ist aus der „Chicago City Missionary Society" hervorgegangen, einer Verbindung von 5 großen Kirchen, die sich seit 1882 der Einwanderer und ihrer Probleme annahmen. Nach der Anstellung von Don Benedict, einem Pionier der Slumbekämpfung, ging die Gesellschaft in den 60er Jahren von der bisherigen Orientierung an einzelnen Diensten ab und wandte sich Selbsthilfeprojekten, vor allem in Negervierteln,

seiner Umwelt. Seine ausgemergelte und dürftig gekleidete Gestalt läßt kaum das Charisma vermuten, das er als Führer der Armen entwickelt.

[107] Interviewantwort.

[108] First Convention of the Poor People's Coalition, Platform Statement, Flugblatt (Dieses ist in unserem Anhang wiedergegeben).

[109] Adresse: 116 S. Michigan Ave. Chicago, III. 60 603.

zu.[110] Sie bemüht sich, mit Stiftungsmitteln, die ihr von der Ford-, Carnegie-, Rockefeller- und Wieboldt-Foundation zufließen, hauptamtliche Mitarbeiter der Nachbarschaftsorganisationen zu finanzieren (die Mittel fließen direkt an die Organisation), technische, juristische und wirtschaftliche Berater zur Verfügung zu stellen und Hilfsquellen in der Gesellschaft zu mobilisieren. Ohne ihre Unterstützung wären bekannte Nachbarschaftsorganisationen wie die beschriebene „Poor People's Planning Coalition", die „Woodlawn Organization" nicht arbeitsfähig und hätten ihre Alternativpläne nicht entwickeln können. CRS wendet sich aber auch Slumgebieten zu, die noch keine eigenen Selbsthilfevereinigungen gebildet haben, um hier entsprechende Prozesse in Gang zu setzen. So engagierte sie sich vor allem in dem unterentwickelten Kenwood-Oakland-Gebiet, einem außerordentlich armen Negerslum.[111] Hier stehen zum Beispiel den annähernd 50 000 Bewohnern nur 5 Ärzte zur Verfügung. Es gibt kein Krankenhaus, keine High School und keine Spielplätze. 13,5% der Männer sind arbeitslos und 31,4% der Bevölkerung leben von öffentlicher Unterstützung, um nur einige Daten zu nennen.[112]

Zur Auslösung eines Prozesses der Selbsthilfe schlägt die CRS folgende Einzelschritte vor:

1. Auswahl des Stadtgebietes, das weder zu klein (zu wenig Hilfsquellen) noch zu groß (übersteigt die Möglichkeiten) sein darf.
2. Gewinnung qualifizierter Mitarbeiter zur Programmentwicklung, Planung, Erforschung und Gemeinwesenarbeit. Fachleute für Arbeitsmarktfragen, Haussanierung und Bildungsfragen sollen zusätzlich bereitstehen.
3. Maßnahmen zur Stärkung oder zum Aufbau von Nachbarschaftsorganisationen, die Schlüsselfunktionen zur sozialen Veränderung besitzen sollen.
4. Bildung von 4 Fachgremien (Community Resource Board), die die Lösung der wichtigsten Probleme vorantreiben sollen:

110 Vgl. community renewal society 1969 (Eigenverlag), Beilage zur historischen Entwicklung.

111 Sozialdaten dieses Gebietes bringen wir als Beispiel im Anhang.

112 CRS, Brief Facts about the „Toward Responsible Freedom" Site Area (Flugblatt).

a) die Anhebung der Einkommen durch Ansiedlung neuer Arbeitsplätze,
b) die Verbesserung der Wohnungsbedingungen durch Renovierung, Neubau, Verhandlungen mit Hausbesitzern und Erleichterung des Hauserwerbs,
c) den Ausbau der Berufsausbildung und des Schulwesens und
d) die Rechtssituation der Armen durch Rechtsberatung und Rechtsverteidigung stärken.

5. Dazu ist notwendig, Gelder bereitzustellen und Kräfte außerhalb des Slums zur Mitarbeit und Unterstützung zu gewinnen. In der Anregung, Unterstützung und Koordination sieht CRS ihre wichtigste Aufgabe. Auch kann sie mit ihrer Forschungsabteilung selbst die erforderlichen Erhebungen durchführen und die Daten für den Entwicklungsprozeß zur Verfügung stellen.[113]

Die CRS hat sich gegen jeden Wohlfahrts-Paternalismus gewandt und ist bemüht, die Selbstverantwortung und Selbstbestimmung der Menschen in Slums zu ermöglichen. Sie stellt die Frage, ob die Wohltätigkeit und die Kontrolle der Armen (als Preis der Wohltätigkeit) die aufgewandten Kosten wert sind. Sie wendet sich gegen die Wohlfahrtspraxis, die Menschen über Generationen unfähig hält, ihr Leben zu bestimmen, weil sie immer von anderen bestimmt werden.[114]

Um die bürgerliche Emanzipation, ohne die Stadterneuerung nicht verwirklicht werden kann, zu fördern und gegen Kräfte der Unterdrückung zu verteidigen, muß die CRS selbst unabhängig und einflußreich sein. Auch bedurfte es langer Auseinandersetzungen im eigenen Direktorium bis das neue Konzept der „Responsible Freedom" gegen die bisherige, so risikolose Betreuungsmethode durchgesetzt wurde.[115] Don Benedict, der Initiator des neuen Ansatzes, formulierte: „Es ist Zeit, den Slumbewohnern die Hauptrolle im Kampf gegen Armut und Slums zuzutrauen... Es ist Zeit, die Leute auf die Chancen außerhalb der Gettos vorzubereiten, indem sie in den Slums Verantwortung übernehmen – Verantwortung für

[113] Vgl. CRS, Corporate Toward Responsible Freedom. Chicago o. J., S. 9–10.

[114] Vgl. CRS, Toward Responsible Freedom, Eigendruck o. J., S. 2.

[115] Interview-Antwort.

ihre eigenen Probleme, ihre Vorhaben und ihre Gemeinde ... Es ist Zeit, daß die Armen lernen, ihre Sache selbst in die Hand zu nehmen, indem sie etwas in die Hand bekommen."[116]

Saul Alinsky und die Überwindung der Machtlosigkeit durch Organisation

Als letztes Beispiel soll das Wirken eines bekannten Organisators von Nachbarschaftsvereinigungen vorgestellt werden. Es zeigt ihre Möglichkeiten und Grenzen.

Seit 1938 hat Saul Alinsky[117] als Organisator von Vereinigungen in Slums in den USA zahllose Kontroversen ausgelöst. In einem Chicagoer Slum aufgewachsen, beteiligte er sich neben seinem Studium der Archäologie und der Kriminologie an einer Revolte gegen die United Mine Workers und integrierte sich forschungshalber für 2 Jahre in die bekannte Al Capone Bande. Seine spätere Tätigkeit als Kriminologe ließ ihn nach den Ursachen der steigenden Kriminalität fragen: „Alle Fachleute wußten, daß die eigentlichen Ursachen von Verbrechen und Delinquenz in ungenügenden Wohnungen, in Diskriminierung, wirtschaftlicher Unsicherheit und Krankheit zu suchen waren. Und was taten wir für die Kinder? Zeltwandern und etwas Mysteriöses, das wir Charakterbildung nennen; nur nicht das wirklich Notwendige."[118]

Er wurde bekannt, als er in einem Chicagoer Slum, in Back of the Yards eine Reihe von Streiks und Boykotts anleitete, um die Lebensbedingungen der Bewohner zu verbessern. Diese Initiative verwandelte den Slum allmählich in eine Muster-Arbeitergemeinde.[119] 1960 gründete er auf Bitten einiger Kirchengemeinden „The Woodlawn Organization" (TWO), einen Zusammenschluß von 83 verschiedenen Vereinigungen einschließlich der meisten Kir-

116 In CRS, Corporate Action, aaO, S. 1.

117 Leider ist es uns in Chicago nicht gelungen, Alinsky selbst zu sprechen, doch verdanken wir seinen beiden Institutionen, der Industrial Areas Foundation und dem dazugehörigen Trainings-Institut, eine Fülle von Informationen.

118 S. Alinsky, zit. v. D. Terry, Fiery Leader Of Social Reforms In: St. Louis Post-Dispatch, 5. Apr. 70.

119 Vgl. S. C. Rose, Saul Alinsky and His Critics. In Christianity and Crisis, Juli 1964 S. 148.

chen des Chicagoer Woodlawn Bezirks, eines zu 90% von Negern bewohnten Slums in der Nachbarschaft der Chicagoer Universität.[120] Diese Organisation bekämpfte Ausdehnungswünsche der Universität, die viele Bewohner vertrieben hätten, boykottierte Läden mit überhöhten Preisen, veranstaltete mit 2000 Teilnehmern eine „Voter Registration"-Parade und arbeitete mit einer Architektengruppe und anderen technischen Beratern umfangreiche Erneuerungspläne für Woodlawn aus.[121]

TWO hat inzwischen mit Hilfe einer Stiftung in eigener Regie ein 10 Millionen-Dollar-Wohnprojekt, die „Woodlawn Gardens", verwirklicht[122] und einen eigenen Supermarkt eröffnet, der nur von Bewohnern dieser Nachbarschaft geführt wird. Aus dem Kampf gegen die Universität von Chicago ist nun eine enge Zusammenarbeit geworden, da beide erkannt haben, daß sie aufeinander angewiesen sind. Diese Entwicklung war aber nur möglich, indem TWO sich zu einer einflußreichen und 90 000 Bewohner repräsentierenden Organisation strukturiert hat. Die Gründung dieser erfolgreichen Community Organization in Woodlawn war für Alinsky eine besondere Herausforderung, da die dort tätigen Negerführer diesen Slum als nicht organisierbar betrachteten. Alinsky hat in Chicago 4 große Community Organizations ins Leben gerufen[123], daneben aber ähnliche im ganzen Land, in Detroit, Syracuse, Kansas City, Buffalo, New York City und an vielen anderen Orten. Der bekannte kalifornische Trauben-Boykott ist

[120] Die Geschichte der Woodlawn Organization wird von Ch. Silbermann in „Crisis in Black and White", (Random House New York 1964), beschrieben. Wir selbst haben 2 Leiter dieser Organisation interviewt: Sterling Frazier und Donald Mosby.

[121] Policies and Proposals for Improving Physical Conditions in Woodlawn 1970 und Woodlawn Model Cities Plan: A Demonstration of Citizen Responsibility. Chicago (Eigenverl.) 1968.

[122] Woodlawn Gardens umfaßt 501 Wohneinheiten, von denen 280 für niedrige und 221 für mäßige (moderate) Einkommensgruppen bestimmt sind. In ihrer Gesamtplanung sieht Woodlawn nur jeweils 20% Wohnungen für niedrige, sonst aber „moderate" und mittlere Einkommensgruppen vor.

[123] Außer Back of the Yards und Woodlawn; die South-West Community Organization und die North-West Community Organization.

von einem seiner Schüler geleitet worden.[124] Weite Anerkennung fand auch die Negerorganisation FIGHT (eine Abkürzung für Freedom, Independence, God, Honor-Today) in Rochester, im Staate New York, die nach den Unruhen von 1964 von Alinsky und seinem engsten Mitarbeiter Edward T. Chambers, aufgebaut wurde. Ziele der Organisation waren unter anderem die Abänderung der Stadterneuerungspläne zugunsten der armen Bevölkerungsschichten, der Kampf gegen die Rassentrennung in den Schulen und gegen die Beschäftigungspolitik der Eastman-Kodak Company, die nur einen geringen Prozentsatz von Negern beschäftigte. Nach langen Verhandlungen bot Kodak an, 600 Neger speziell auszubilden und einzustellen. Als dieses Angebot später teilweise wieder zurückgenommen werden sollte, genügte die Androhung von Kampfmaßnahmen, um das Verhandlungsergebnis zu sichern. Zur Unterstützung von FIGHT hatte sich eine weiße Vereinigung gebildet, die *„Friends of Fight"*. Als FIGHTs größten Erfolg betrachtet Alinsky den „Respekt", den sich diese militante Gruppe erworben hat.[125] Alinsky ist es hier und an anderen Orten gelungen, Negergettos wirksame und konstruktive „Black Power" zu lehren.[126] Dabei hat er selbst fast nie die Auseinandersetzungen geleitet, sondern sich auf die Vermittlung der Organisations- und Kampftechniken beschränkt. So früh wie irgend möglich hat er den natürlichen Führern der Gettos das Feld überlassen: „Beweise den Leuten, daß sie etwas erreichen können, zeige ihnen, wie man sich einen Weg bahnt, so daß sie ihre eigenen Entscheidungen fällen können – und dann räume das Feld; sie brauchen keinen Vater, der über ihnen steht."[127] Man hat diesen Grundzug seiner Arbeitsweise als Sprunghaftigkeit und mangelnde Stetigkeit ausgelegt, doch spricht für ihn, daß viele der von ihm angestoßenen Organisationen über

124 Es ging um einen gerechten Arbeitslohn für die Weinbauarbeiter und um deren gewerkschaftlichen Zusammenschluß.

125 Vgl. P. Anderson, Making Trouble Is Alinsky's Business, In: The New York Times Magazine, 9. Okt. 1966, Sektion 6, Seite 30–33 und J. Ridgeway, Attack on Kodack, In: The New Republic, 21. Jan. 67.

126 G. Astor, White Organizer Saul Alinsky teaches the ghetto how to make Black Power work. In: Look v. 25. Juni 68, S. 4/5.

127 S. Alinsky, zit. v. D. Terry, aaO, o. S.

lange Zeit erfolgreich gearbeitet und sich weiterentwickelt haben.[128]

Von Gegnern wird Alinsky oft als Radikaler bezeichnet, der Unruhe um der Unruhe willen stifte, und dem jedes Konzept fehle.[129] Ist ihm Organisation Selbstzweck, oder verfolgt er jeweils bestimmte Ziele?

Aufschluß gibt sein erstes Projekt „Back in the Yard", wo der wachsende Faschismus unter den arbeitslosen und verbitterten Slumbewohnern zum Anlaß seiner Bemühungen wurde.[130] Sein erstes Ziel ist, Ohnmacht, Apathie und Frustrationen durch Organisation und durch Teilnahme der Machtlosen am Kräftespiel der Demokratie zu überwinden. Es geht ihm um die Verwirklichung der „participatory democracy", der Demokratie durch Teilnahme, wobei insbesondere die bisher vom Macht- und Einflußbereich ausgeschlossenen Gettobewohner zu ihrem Recht kommen sollen.[131]

Im Getto sieht Alinsky den Testfall für die in öffentlicher Rhetorik verkündete „Selbstverantwortung des Individuums."[132] Wird sie den Slumbewohnern wirklich zugestanden oder bleibt sie eine papierene Phrase des „War on Poverty", in dessen Richtlinien von der „höchstmöglichen Beteiligung der Slumbewohner und betroffenen Gruppenangehörigen" die Rede ist.[133] John Lindsay, der Bürgermeister von New York City, kommt in seiner Interpretation dieser Gesetzesformulierung Alinsky entgegen, wenn er sagt, daß das Recht der Gemeindegruppen auf Selbstbestimmung auch das Recht zu politischen Zusammenschlüssen für den Kampf mit der Stadtver-

[128] S. Alinsky, zit. v. D. Terry, aaO, o. S.

[129] Das wirft ihm auch sein langjähriger und prominenter Kritiker, Walter Kloetzli, vom Federal Renewal Assistance Office Chicago vor, den wir interviewten.

[130] Vgl. Time Essay, Radical Saul Alinsky: Prophet of Power to the People, 2. März 1970 Vol. 95, N. 9.

[131] „democracy demands political participation by all the people, not just the well-off or the well-educated", P. Anderson, aaO, S. 29/30 ferner S. C. Rose, Power Play in the City, In: Crossroads, Jan.–März 1967, S. 9.

[132] „Individual responsibility".

[133] „Maximum feasible participation of residents of the area and members of the groups served."

waltung enthalte.[134] Chicagos Stadtverwaltung scheint die Notwendigkeit solcher „Kampforganisationen“ immer wieder rechtfertigen zu wollen, da es seine Community Organizations und ihre Vorschläge ständig zu unterdrücken versucht. Eine übermächtige Demokratische Partei ermöglicht hier eine ungestörte Machtentfaltung des Bürgermeisters und seines Verwaltungsapparates, die selbst die Bestimmungen der Bundesregierung zur Beteiligung der Bewohner an der Stadterneuerung zu umgehen wissen. Das zwang die Chicagoer Community Organizations zu immer größeren Zusammenschlüssen und immer härteren Kampfmaßnahmen, die wiederum mit härteren Reaktionen der „machine“ beantwortet wurden.

Neben dem Ziel Alinskys, die Apathie und Ohnmacht durch organisierte Teilnahme an der Machtstruktur zu überwinden, bekämpft er den sogenannten „Wohlfahrtskolonialismus“ (Welfare-Colonialism), der „Gettos als Kolonien mit primitiven und niedrigstehenden Eingeborenen“ ansieht. Diesen Eingeborenen werde „ein Programm aufgezwungen, um sie zu zivilisieren“. Er prangert die „Zoowärter-Mentalität“ der Wohlfahrtseinrichtungen an, die „die Tiere ruhig hält oder, was besser klingt, Recht und Ordnung bewahrt“.[135] Das Verzeichnis der Wohlfahrtseinrichtungen von New York fülle schon ein Buch von 400 Seiten; sie stellten eine riesige Industrie dar.[136] Der „War on Poverty“ habe die Gehälter der Sozialarbeiter zwar erhöht, das Schicksal der Slums aber kaum verändert.[137] Die Art des Wohlfahrtsystems habe nur die Abhängigkeit und die Apathie der Empfänger gesteigert. Er ist gegen Geschenke, denn wirklich besitze man nur, was man durch eigene Stärke erlangt hat.[138] Auch Macht könne nicht zugeteilt, sondern nur durch eigene Anstrengung erworben werden.[139] Den Weg zur Erwerbung

[134] Vgl. St. C. Rose, aaO, S. 9.

[135] S. Alinsky, „You Can't See the Stars Through the Stripes“, Industrial Areas Foundation, Chicago März 1968, S. 5.

[136] Ebd., S. 3.

[137] Vgl. P. Anderson, aaO, S. 33.

[138] Vgl. D. Terry, aaO, o. S.

[139] Vgl. D. W. Dodson, The Church, Power, and Saul Alinsky, Rep. v. Religion in Life, Spring 1967.

dieser Macht und Selbstbestimmung der Slumbewohner sieht Alinsky allein in der Organisation, nicht im einmaligen Protest oder einer Veranstaltung der Civil Rights oder anderer Bewegungen.

Selbst die Flucht der weißen Mittelschicht aus der Stadt zur Suburb glaubt Alinsky durch deren Engagement in Nachbarschaftsorganisationen bremsen zu können.[140] Ein weiteres neues Ziel Alinskys ist der organisierte Kampf gegen die Umweltverschmutzung.[141]

Nach der Frage nach den Zielen Alinskys stellt sich unmittelbar die nach den Mitteln, mit denen er diesen Zielen zustrebt. Wie vermag er einen als unorganisierbar angesehenen Slum und apathische Bewohner zu mobilisieren? Welche Mittel stehen den einmal Organisierten zur Durchsetzung ihrer Ziele zur Verfügung? Alinsky hat sich ausführlich zur Verhältnismäßigkeit der Mittel geäußert.[142] Doch versuchen wir zuerst einige seiner Mittel zu beschreiben. Die wesentlichsten sind der Konflikt und die Kontroverse.

Die Chicagoer „Sun-Times“ schrieb einmal grimmig: „Der berufliche Slumorganisator Saul Alinsky ist wieder nach Chicago heimgekehrt, den Weg vor sich bestreut mit Maschinengewehr-Rhetorik, den Pfad hinter sich verunstaltet mit Schisma und Kontroverse ... Wer braucht ihn? ... Niemand, bestimmt nicht Chicago.“[143]

Er selbst begründet die Rolle des Konflikts: „Veränderung ist Bewegung, Bewegung erzeugt Reibung, Reibung bedeutet Hitze und Hitze meint Kontroverse. Der einzige Ort, wo keine Reibung entsteht, ist im Weltraum oder in einem Seminar über politische Aktion.“[144]

Alinsky sieht wie vor ihm Jefferson und Madison die amerikanische Gesellschaft als in einem endlosen politischen Kampf zwischen

[140] L. Wille, Inland Forum: That Man Alinsky Loves a Good Hassle In: Inland Architect, Febr. 1969, S. 27.

[141] Vgl. D. Terry, aaO, o. S.

[142] Of Means and Ends, In: Union Seminary Quaterly Review Vol. XXII, No. 2, Jan. 1968, S. 107 ff.

[143] zit. von G. Astor, aaO, S. 2.

[144] zit. von G. Astor, aaO, S. 5.

rivalisierenden Interessengruppen, wobei die Bevölkerungsgruppe, um die es Alinsky geht, so lange ausgeschlossen bleibt, wie sie nicht organisierte politische Macht entwickelt. Darum nahm er diese Aufgabe in Angriff.[145] Er versuchte, die unorganisierten Armen zu lehren, wie man den gleichen politischen Druck auf eine Regierung ausübt wie es alle anderen gesellschaftlichen Lobby-Gruppen tun. Aber die Einflußlosigkeit der Armen, deren politisches Gewicht in keinem Verhältnis zu ihrem Anteil an der amerikanischen Gesamtbevölkerung steht (mehr als 20%), verlangte wohl neue und oft außerordentlich drastische Mittel. So beeindruckte die „Voter Registration"-Parade, an der mehr als 2000 Woodlawn Bewohner teilnahmen, die Politiker. Diese Demonstration hatte aber auch eine starke Rückwirkung auf die Selbstachtung der Woodlawn-Bewohner und festigte ihre Organisation.[146] Oder: Um den ständigen Klagen über mangelhafte Müllabfuhr in den Slums Nachdruck zu verleihen, wurde gesammelter Müll auf des Bürgermeisters Rasen[147] und auf die Einfahrt des Bezirksvertreters geschüttet. Das verbesserte die Müllabfuhr viel effektiver als alle Eingaben an Behörden. Oder: Zur Demonstration der unwürdigen Slumbedingungen wurden in feierlicher Zeremonie tote Getto-Ratten auf den Stufen des Rathauses niedergelegt.[148] Oder: Um die Besitzer von Slumhäusern, die trotz hoher Mieteinnahmen die Wohnungen verkommen ließen, zu Reparaturarbeiten zu zwingen, wurden die schwärzesten Neger in die weiße Suburb geschickt, wo „Slumlords" meistens wohnen. Sie trugen Schilder in der Nachbarschaft des betreffenden Hausbesitzers herum: „Ihr Nachbar ist ein Slumlord." Um die lästigen Demonstranten loszuwerden, bearbeiteten die Nachbarn den Hausbesitzer telefonisch, so daß er sofort mit Ausbesserungen an seinen Slumhäusern begann.[149] Oder: Als sich eines der größten Chicagoer Kaufhäuser weigerte, Neger zu beschäftigen, ließ Alinsky 20 Busse mit Negern zu diesem Kaufhaus

145 Vgl. P. Anderson, aaO, S. 34.

146 Vgl. S. Alinsky, Citizen Participation and Community Organization in Planning and Urban Renewal, Industrial Areas, Foundation Chicago, Jan. 1962, S. 9.

147 Vgl. D. W. Dodson, aaO, S. 4.

148 Time Essay, aaO, S. 56.

149 Vgl. D. Terry, aaO, o. S.

fahren, wo die Neger einen ganzen Tag lang „kauften" und die Verkäufer beschäftigten. Die Verkaufsbilanz sank drastisch und die Leiter des Kaufhauses verstanden, was gemeint war.[150]

Allein die Ankündigung einer Demonstration dieser Art oder der Ruf, der Alinsky vorausgeht, macht Gegenspieler verhandlungsbereit. Die Massenmedien weiß er ebenfalls erfolgreich zu nutzen, um Kontrahenten einzuschüchtern, so daß es nicht erst der Anwendung seiner rauhen Methoden bedarf.[151] Doch Alinskys Organisationen haben nie zu dem Mittel des Aufruhrs oder der Gewalttätigkeit gegriffen. In den von ihm organisierten Slums ist es zu keinen Unruhen gekommen.[152] Er hält Gewalttätigkeit für Selbstmord,[153] die militante Organisationsform aber für einen wichtigen ersten Schritt des Slums aus der Apathie hin zur Selbstachtung.[154] In der Wahl seiner Mittel kalkuliert er die Mittel der Gegenseite und ihre vermutliche Reaktion ein. Der sogenannte „Alinsky-type protest" ist darum „eine explosive Mischung von strenger Disziplin, brilliantem Auftreten (showmanship) und dem Instinkt eines Straßenkämpfers für die rücksichtslose Ausnützung der Schwächen des Gegners."[155] Ein Beispiel dafür ist sein Plan, einige Häuser in einer völlig weißen Nachbarschaft zu kaufen und Negerfamilien zuzuweisen. Auf diese Weise werden entweder die Neger integriert oder die Weißen ziehen aus und überlassen weiteren Negern ihr schönes Wohnviertel, ihre guten Schulen, Parks und anderes.[156] Alinsky gibt zu, daß solche Aktionen auch immer negative Konsequenzen haben. Dennoch müsse er handeln als sei er völlig von der Richtigkeit seines Vorgehens überzeugt. Die Welt, wie sie ist, schreibe ihm die Gesetze seines Handelns vor. Für ihn, der sich zwar selbst als einen Radikalen bezeichnet[157], ist der Kompromiß

150 D. Terry, aaO, o. S.

151 Vgl. P. Anderson, aaO, S. 28.

152 Vgl. D. W. Dodson, aaO, S. 1.

153 Renewal-Interview: A Fleeting Talk with Saul Alinsky, In: Renewal, März 1968, S. 6.

154 P. Anderson, aaO, S. 29.

155 Ebd., S. 28.

156 Ebd., S. 29.

157 Der Titel seines ersten Buches heißt auch „Reveille for Radicals" (Chicago 1946).

keine Niederlage, sondern ein „nobles Wort und die Summe der Demokratie."[158] Darum hat er sich ständig gegen den Einfluß von Demagogen in seinen Organisationen gewehrt und gegen jene Radikalen, die nicht bereit sind, die Realität einzukalkulieren. In seinem 1940 gegründeten „Industrial Areas Trainings Institute", das er „a school for radicals" nennt,[159] versucht er Gemeinwesenorganisatoren in 18-Monats-Kursen auszubilden. Ferner ist in Berkeley, Californien, ein großes Ausbildungsinstitut geplant. Seine finanziellen Mittel kommen von Stiftungen, wie der Ford Foundation, von Philantropen und vor allem von den Kirchen der verschiedenen Denominationen und Konfessionen, aber auch aus seinen hochdotierten Vorträgen. Es ist ihm gelungen, eine ökumenische Zusammenarbeit der Kirchen zur Slumbekämpfung anzuregen, obwohl seine Methoden wiederholt zu heftigen Kontroversen in den Kirchen geführt haben.

Bei der Erörterung der Ziele Alinskys wurde bereits sein Demokratieverständnis als eine Wurzel seines Handelns genannt. Doch scheint es außerordentlich schwierig, ihn auf eine bestimmte ideologische Konzeption festzulegen. Er selbst sagt dazu: „Ich hätte nie ein Kommunist werden können ... Ich hasse Dogma. Ich bin nie sicher gewesen, ob ich recht hatte, aber ich bin auch sicher, daß niemand jene Sache besitzt, die man Wahrheit nennt."[160] Er bekennt sich ebenso zu Moses und Paulus als biblische Organisatoren wie zu Machiavellis Interpretation der Macht. Alinsky lehnt es ab, seine Auffassung in kurze Formeln zu bringen, da sich diese oft als Kurzschlüsse erwiesen.[161] Er sieht sich selbst als Pragmatiker und Experimentator, dessen Ziele und Mittel wechseln.[162] In seinem Han-

[158] zit. in Time Essay, aaO, S. 56.

[159] ebd., Seite 57.

[160] zit. von G. Astor, aaO, S. 4.

[161] S. Alinsky, From Citizen Apathy to Participation. Ind. Area Foundation, Chicago 1957, S. 1.

[162] „In the field of citizen participation creative and imaginative thinking is one of the major requirements. This involes a willingness to experiment, which means not to fear failure but rather to accept it as a frequent companion to any kind of experimental thinking. Failure becomes not failure, but simply a signpost pointing in another direction." S. A., aaO, S. 2.

deln läßt er sich angeblich nicht von bestimmten moralischen Normen leiten und glaubt nicht an „das mystische Element der Selbstverleugnung zugunsten anderer" (altruism), denn „das Selbstinteresse steht vor allem".[163] Dieses Selbstinteresse nutzt er als entscheidendes Antriebsmoment zur Organisation der Armen. Und auch ihnen gegenüber lehnt er jede sentimentale oder romantische Verklärung der „culture of poverty" ab, da Arme nicht besser seien als andere.[164] Damit löse man keine Probleme.[165] Gleichzeitig bekämpft Alinsky aber auch die Diskriminierung der Armen, wie sie schon von Alexander Hamilton ausgesprochen wurde: „Wie kann man jemand vertrauen, der arm ist und nichts besitzt,"[166] und von Chicagos Bürgermeister Daley fortgesetzt wird: „Wenn die Armen auch nur irgend etwas könnten, wären sie nicht arm."[167]

Alinskys Eintreten für die Beteiligung der Armen und der Slumbewohner am Kräftespiel der Demokratie findet nicht immer ungeteilten Beifall. Studentengruppen kritisieren, daß er die Armen für „dekadente, degenerierte, bourgeoise, materialistische und bankrotte Werte" zu organisieren suche. Er antwortet überspitzt: „Wissen sie, was die Armen dieses Landes wollen? Sie verlangen einen größeren Anteil an diesen dekadenten degenerierten und bankrotten Werten."[168]

Alinsky stellt sich bewußt nicht außerhalb, sondern agiert innerhalb des Systems, das er jedoch keineswegs für das beste der möglichen hält. Durch die Einbeziehung der Randgruppen und ihrer organisierten Macht in das Kräftespiel der Demokratie, hofft er, den Verfestigungen von Herrschaftsstrukturen begegnen und das Kräftegleichgewicht der Gesellschaft immer von neuem herstellen zu können. Ohne das Engagement aller Gruppen und Bürger müsse die Demokratie absterben.[169] Auch führe der Ausschluß der Bürger von den täglichen Funktionen der Demokratie zum Niedergang

163 Zit. von G. Astor, aaO, S. 4.

164 Ebd., S. 4.

165 S. Alinsky, aaO, S. 1.

166 Vgl. G. Astor, aaO, S. 4.

167 „The poor, if they knew anything, wouldn't be poor", zit. von G. Astor, aaO, S. 4.

168 Renewal-Interview, aaO, S. 8 und Time Essay, aaO, S. 57.

169 S. Alinsky, aaO, S. 11.

der Demokratie selbst. Der Bürger höre auf, sich mit der Demokratie zu identifizieren, und das Gefühl, nicht dazu zu gehören, bewirke eine politische und soziale Betäubung und Apathie. Nichts sei düsterer und zerstörerischer als der Verlust des Glaubens an sich selbst und an seine Möglichkeiten, an der Gestaltung der eigenen Zukunft mitzuwirken. Das Ergebnis sei die völlige Abhängigkeit von der öffentlichen Autorität und der Zustand einer bürgerlichen Sklerose.[170] Gerade bei Slumbewohnern und in den unteren Sozialschichten ist aber das Gefühl der eigenen Machtlosigkeit gegenüber Schicksal und „Rathaus“ so tief eingewurzelt, ist man aus einer Kette von Frustrationen heraus überzeugt, daß das Recht nicht für, sondern gegen den Armen ist, so daß eine Überwindung ihrer Apathie außerordentliche Mittel erfordert.

Darum sieht Alinsky auch in der Agitation ein legitimes Werkzeug. Mit Hilfe der Agitation wird die Einsicht in die eigene Lage geschärft, die Unzufriedenheit verstärkt und mit dem Hinweis auf erfolgreiche Beispiele der Mut zum Handeln geweckt.[171] Durch ausführliche Information müssen dann allen Beteiligten die gewählten Mittel und Wege zur Veränderung ihrer Lebenssituation vertraut werden. Den ersten Schritt zur Veränderung nennt Alinsky „Disorganisation“, denn „aller Wechsel bedeutet Auflösung des Alten und Organisierung des Neuen“.[172] Dieser Wechsel könne, soweit es sich um bestehende Machtstrukturen handelt, nur mit Macht durchgesetzt werden. Alinsky versucht das Wort „Macht“ (power) von seiner verbreiteten Dämonisierung und Verdächtigung zu befreien und Macht als Wertneutral und im Sinne einer technischen Kraft zu definieren. Er verschließt sich nicht der Argumentation Lord Actions, daß „Macht leicht korrumpiert und absolute Macht absolut korrupt macht“[173], doch liege das nicht an der Macht selbst, sondern an denen, die sie nützen.[174] In diesem Zusammenhang reflektiert Alinsky über die Angemessenheit der Mit-

[170] Vgl. S. Alinsky, Citizen Participation ..., aaO, S. 17.

[171] Vgl. S. Alinsky, From Citizen Apathie ..., aaO, S. 4.

[172] S. Alinsky, aaO, S. 3.

[173] zit. von S. Alinsky, aaO, S. 6.

[174] Ebd., S. 6. Es ist zu fragen, ob man Macht in dieser Weise verharmlosen kann.

tel. Seine stark von Machiavelli beeinflußte Schrift „Von Mitteln und Zwecken"[175] attackiert die seines Erachtens unfruchtbare philosophische Diskussion um Ziele und Mittel, die zu Passivität, zu einer Anerkennung des Status quo und zur Unterstützung der jeweils Besitzenden und Herrschenden geführt habe. „Das unmoralischste Mittel ist der völlige Verzicht auf den Gebrauch von Mitteln ... Das Übel triumphiert nur, wenn die guten Menschen nicht handeln."[176]

Die Zielproblematik entschärft er, indem er zu zeigen versucht, daß das Leben eine Geschichte der Mittel und nicht der Ziele und Zwecke darstelle, denn alle erreichten Ziele würden selbst zu Mitteln für neue Ziele.[177] An historischen Beispielen demonstriert er dann, daß gewöhnlich nur der Standpunkt und vor allem der Erfolg über den Wert eines Mittels befinde. Er nennt als Beispiel Sam Adams, den Führer der amerikanischen Revolution, der die Hinrichtung aller Teilnehmer der „Shay's Rebellion" verlangte, denn „keiner habe das Recht, gegen uns Revolution zu machen."[178] Die Argumentationsweise Alinskys, die im Grunde der Rechtfertigung seiner speziellen Mittel dient, wirkt sehr sophistisch, weil sie Dinge auseinandernimmt, um sie hinterher in unwesentlicher Abwandlung wieder zusammenzusetzen. Und mit seiner Formulierung: „Rechtfertigt dieser besondere Zweck dieses besondere Mittel?"[179], löst er das Problem keineswegs, sondern verlagert die Ziel-Mittel-Frage lediglich auf eine andere, eher pragmatische Ebene.

W. Kloetzli hat, als sein ständiger „advocatus diaboli", Alinsky vorgeworfen, daß er in einer gewissen Naivität immer die gleiche Strategie verfolge und ständig auf der Jagd nach Sündenböcken sei, daß ihm aber ein übergreifendes Programm fehle.[180] K. B. Clark und J. Hopkins stufen die Chicagoer Community Organizations als

175 Of Means and Ends, aaO, vgl. dazu N. Machiavelli. The Prince, New York 15. Aug. 1964.

176 Of Means and Ends, aaO, S. 108.

177 Ebd., S. 108.

178 Ebd., S. 121.

179 Ebd., S. 107 und S. 124.

180 Interview.

wenig effektiv ein.[181] Alinskys Glaube an den starken Willen der Slumbewohner könne keine Programmatik ersetzen. Auch lade er den Armen selbst zuviel auf.[182] Doch er selbst hat immer wieder betont, daß er eine Technik vermittle, das Programm und die Entscheidungen aber bei den Organisierten liegen müßten.[183] Andere haben ihn als einen Marxisten mit Klassenkampftechniken bezeichnet,[184] wieder andere als Abhängigen der katholischen Kirche.[185] Fünf Pfarrer begründeten ihren Austritt aus der Woodlawn-Organization damit, daß deren Taktik „auf der Kultivierung von Angst, Haß und nützlichen Antagonismen beruhe".[186] Am heftigsten wurden seine „unhöflichen und rauhen" Methoden kritisiert. Doch daran ließen es auch seine Gegner nicht fehlen.[187] Behörden scheint er vor allem dann in Verlegenheit zu bringen, wenn er sie beim Wort nimmt. So hat er kaum etwas anderes getan, als Robert C. Weavers[188] Interpretation von der „Einbeziehung der Bürger" in die Praxis umzusetzen: „Wir denken bei Einbeziehung des Bürgers nicht an das passive Akzeptieren dessen, was getan wird, sondern die aktive Ausschöpfung der Nachbarschaftsorganisationen und ihrer Führungskräfte. . ."[189] Oft sind es gerade die Vertreter mächtiger Vereinigungen und Behörden, Männer, die sich selten scheuen, ihre eigene Macht einzusetzen, die Alinsky ein Spiel mit

181 Von 12 untersuchten Städten an 10. Stelle, aaO, S. 211.

182 Ebd. S. 180.

183 „We're not trying to lead anything ... We're just technicians trying to organize people." zit. v. G. P. Anderson, aaO, S. 29.

184 Vgl. St. C. Rose, aaO, S. 146.

185 St. C. Rose, Saul Alinsky and his Critics, aaO, S. 143.

186 ebd., S. 149.

187 Als ihn z. B. eine Bürgergruppe aus Oakland, Calif., um Hilfe bat, faßte das Stadtparlament von Oakland den Beschluß, Alinsky einen Strick mit der Aufforderung, sich aufzuhängen, zu senden. Er konterte, indem er jedem Stadtverordneten ein Paket Windeln zukommen ließ. Vgl. D. Terry, aaO, o. S.

188 American Survey, Plato on the barricades, In: Economist 13.–19. May 1967.

189 Administrator US. Housing and Home Finance Agency: 10 zit. von Saul Alinsky, Citizen Participation . . ., aaO, S. 1.

der Macht vorwerfen. Ihnen gilt Macht nur dann als verwerflich, wenn sie von Machtlosen angestrebt wird.[190] Nach Alinsky rechtfertigt der mögliche Mißbrauch der Macht noch nicht den Verzicht auf Macht, wenn notwendige Ziele verfolgt werden.

Wir wenden uns aber gegen seine von Machiavelli beeinflußte Relativierung jedweder Ethik und ihre Umdeutung zur Taktik.[191] Aber hierin liegt nur eine Schwäche seiner theoretischen Konzeption, von der er in diesem Punkt in seinem praktischen Handeln ständig abweicht. Bei aller kritischen Betrachtung der Arbeit und der Theorien Alinskys läßt sich nicht leugnen, daß er es mit der Demokratie ernst meint; ernster als alle jene, die für die Entstehung und den Fortbestand von Gettos verantwortlich sind. Seine Konzeption vom Kräftespiel der Demokratie und von der Selbstbestimmung auch des Slumbewohners spricht im Grunde nichts Neues aus, sondern pocht lediglich auf die Realisierung der Verfassung und der Menschenrechte.

Gegenüber dem Konzept Alinskys bleibt die entscheidende Frage, ob die Organisierung der Armen ausreicht, um die Lösung der gesellschaftlichen und vor allem der Slumproblematik herbeizuführen.

Zum Abschluß dieses Kapitels sollen noch einige prinzipielle Überlegungen zur Bedeutung und Problematik der Nachbarschaftsorganisationen angestellt werden.

In den Stadtverwaltungen und Planungsbüros finden sich vermutlich mehr Gegner als Anhänger einer intensiven Mitbestimmung der Bürger. Den Gegnern wurde es von den Nachbarschaftsorganisationen oft leicht gemacht, ihnen eine mangelnde demokratische Binnenstruktur oder zuweilen auch Korruption vorzuwerfen[192] und anzuzweifeln, ob sie wirklich die Bürgerschaft repräsentierten. Denn nicht wenige werfen sich zum Sprecher auf ohne aus-

190 Vgl. S. C. Rose, aaO, S. 152.

191 Vgl. auch H. D. White, Diskussion: Saul Alinsky and the Ethics of Social Chance, In: Union Seminary Quaterly Review, Vol. XXII, No. 2, 1967, S. 136.

192 Vgl. J. C. Davies, aaO, S. 208, ferner Interview mit J. McGuerty, New Haven.

reichende Legitimation.[193] Zweifellos ist es in Wohngebieten der Unterschicht besonders schwer, die allgemeine Apathie zu überwinden und eine Artikulation der eigenen Vorstellungen zu erreichen, und es bedarf oft eines mühsamen Lern- und Erziehungsprozesses. Viele glauben den Nachrichten über Stadterneuerung nicht und lassen die Vorkämpfer ihrer Rechte allein.[194] Diejenigen, die sich leicht mobilisieren lassen, sind oft ohnehin flexibler und streben bereits über die eigene Schicht hinaus,[195] so daß sie nicht mehr als echte Repräsentanten angesehen werden können, zumal sie dazu neigen, sich mit dem Mittelschicht-Aspekt der Behörden zu identifizieren, um ihre Aufstiegswünsche zu realisieren.

Soziale Protestdemonstrationen aktivieren noch am ehesten die Teilnahme der Armen.[196] Ihre Wortführer sind auch meist Gegner des politischen Systems, die begriffen haben, daß Rechte nur in harten Auseinandersetzungen errungen werden.[197] Diese wiederum stehen in der Gefahr, die positive Möglichkeit der Stadterneuerung zu verspielen und die politische Konfrontation als „Power Play“ zum Selbstzweck zu machen.

Es ist aber fraglich, ob sich eine Repräsentativität der Meinungen einer Bewohnerschaft überhaupt erreichen läßt, da nur ein kleiner Prozentsatz von ihr zu sozialem und politischem Engagement bereit ist. Nach J. C. Bollens und H. J. Schmand bestreiten etwa 20% einer Bürgerschaft die gesamte freiwillige kommunale Aktivität.[198] Nach einer Untersuchung in Syracuse, New York, hatten nur weniger als 1% Anteil an den Entscheidungen der Gemeinde, in einer kleinen Stadt nicht mehr als 3%. Die Unterschichten waren dabei besonders schwach vertreten, während die Oberschicht und die obere Mittelschicht stärker organisiert und repräsentiert waren. Diesen gelingt es dann auch, die Stadtgeschicke zu ihren Gunsten zu beeinflussen, während die Problemgruppen und Slumbewohner am wenigsten Einfluß besitzen. Da aber die gehobenen Bürger und die zu ihnen zählenden Planer die Probleme der Unterschicht nicht er-

[193] Vgl. J. R. Lowe, Urban Renewal, aaO, S. 49/50.
[194] Vgl. H. J. Gans, People an Plans, aaO, S. 218.
[195] Vgl. G. H. Bragen, F. P. Purcell, aaO, S. 141.
[196] Vgl. ebd., S. 150.
[197] Vgl. Dept. of HUD Region IV, Citizen Participation, aaO, S. 27.
[198] Vgl. The Metropolis, New York 1965, besonders S. 213 ff.

kennen oder sie als Persönlichkeitsmerkmale mißdeuten, wird den Bedürfnissen der Unterschicht kaum Rechnung getragen.[199] Selbst wenn aus ihrer Mitte Vertreter für bestimmte Erneuerungsgremien gewonnen werden, so dienen sie zuweilen nur der äußeren Optik und der Erfüllung formaler Bestimmungen, wie es ein Kritiker aus den Reihen der Betroffenen formuliert hat:

> Das Office of Economic Opportunity spricht von der „höchstmöglichen Teilnahme" der Armen, was dann heißt, daß sie mich in ein Gremium nehmen und dann alle Kraft aus meiner Community usurpieren mit Versprechungen, vager Terminologie und einem Schulterklopfen, indem gesagt wird: „Sie machen Ihre Sache großartig, Joanne. Sie arbeiten prima. Sie sind ein guter Sprecher Ihrer Gemeinde. Meine Liebe, es ist schön Sie unter uns zu haben" ... (Und) sie fahren fort, Mittelschichtprogramme zu entwerfen ... Erst wenn wir anfangen, in Begriffen wie Selbstbestimmung der Armen zu reden, werden wir auch beginnen, etwas von dem ernsten Armutsproblem in den USA abzuhobeln ... Der einzige Weg, den Armen wirklich zu dienen, ist, uns am Entwurf der eigenen Programme zu beteiligen, um unsere Lebensbedingungen zu verbessern und das Individuum zu stärken ...
>
> (Aber) die politische und wirtschaftliche Machtstruktur, mit der wir Armen zu tun haben, ängstigt sich zu Tode, wenn sie auf irgendeine Kontrolle verzichten soll. Sie hält einen Würgegriff auf dem Wohlfahrtssystem, so daß wir auch weiterhin dominiert werden, wenn wir in diesem System mitwirken dürfen ... Zum gegenwärtigen Zeitpunkt, gebrauchen sie häufig den „Krieg gegen die Armut" um den Armen zu schwächen, um die Stärke der armen Community in das Wohlfahrtssystem zu absorbieren und damit zu zerstören. [200]

Mit dieser Aussage ist die Frage gestellt, ob eine Behörde oder irgendeine Machtstruktur bereit sein kann, Machtbefugnisse abzutreten. Gewöhnlich ist sie nicht dazu gewillt, wenn auch seltene Ausnahmen die Regel bestätigen. Eine partnerschaftliche „Citizen Participation" und eine wirksame Mitbestimmung bleiben aber unmöglich, solange das Verhältnis zwischen Mächtigen und Ohnmächtigen nicht in Richtung auf ein Gleichgewicht verändert wird.

[199] Vgl. W. Blomberg Jr., Community Organization. In: R. M. Kramer, H. Specht (Hrsg.), aaO, S. 112–120.

[200] Mrs. Joanne Ross, zitiert in: o. Autor, Crisis in America, aaO, S. 22–24.

Saul Alinsky räumt nur jenen Community Organizations eine Chance ein, Mitbestimmung zu erreichen, die gelernt haben, Macht einzuschätzen, zu beanspruchen und einzusetzen.[201] Dazu müssen sie einerseits Verbündete gewinnen, andererseits aber unabhängig bleiben, vor allem von lokalen Behörden. Das Scheitern des ursprünglich verheißungsvollen „Harlem Youth Unlimited"-Programms läßt sich darauf zurückführen, daß es Bürgermeister Powell von Harlem gelang, das Programm zu kontrollieren und das Direktorium mit seinen Leuten zu besetzen, so daß diese große Organisation schließlich der Macht des Bürgermeisters, nicht aber dem Anliegen der Selbstbestimmung diente.[202] In ähnlicher Weise degenerierten viele Community Organizations zu Scheinveranstaltungen und Alibifunktionen.[203] Oft wurden sie erst in den Planungsprozeß einbezogen, wenn nichts mehr geändert werden konnte.[204] Wo aber den Bürgergruppen kein Vetorecht und keine Kontrolle im Planungsprozeß zugestanden wird, bleibt „Citizen Participation" ein bloßes Ritual. Denn Dialog und Information sind nicht genug.

Will man die Effektivität der Mitwirkung beurteilen, so muß nach den Methoden und Strategien der Community Organization zur Beeinflussung der Pläne und nach dem Umfang der erzielten Modifizierungen gefragt werden.[205] Doch gibt es keine Strategie der Partizipation, die für alle Situationen angemessen wäre. Die vagen Bestimmungen des „Model City"-Programms erlauben die Entwicklung variabler Formen, erschweren aber zum anderen häufig den Kampf um Mitbestimmung.[206]

Grundsätzlich gilt, daß Community Organizations sich vor der Umarmung der Stadtverwaltung hüten müssen, was allerdings nicht die Zusammenarbeit ausschließt. Je weniger aber Behörden und Planer zu partnerschaftlicher Kooperation bereit sind desto mehr

201 Vgl. S. Alinsky, Citizen Participation, aaO, S. 4.

202 Vgl. K. B. Clark und J. Hopkins, aaO, S. 220/221.

203 Vgl. ebd., S. 6.

204 Vgl. Oakland Task Force, An Analysis of Federal Decision-Making and Impact. Washington 1969. S. 196.

205 Vgl. P. H. Rossi und R. A. Dentler, aaO, S. 6.

206 Vgl. Oakland Task Force, aaO, S. 32 und 58.

Organisation, Macht durch Bündnispolitik und Durchsetzungsvermögen muß von den Nachbarschaftsorganisationen entwickelt werden. Dabei kann die Beziehung zu größeren Verbänden und zu einzelnen Politikern eine wichtige Stütze für das eigene lokale Anliegen sein.[207] Linke Studentengruppen, Civil Rights Movement oder Citizen's Crusade Against Poverty haben sich wiederholt an der Mobilisierung und dem Kampf der Community Organizations beteiligt.[208] Doch muß die lokale Gruppe selbst über genügend eigene Führung und eine feste Binnenstruktur verfügen, um die mehr sporadischen Solidarisierungsaktionen anderer „Pressure Groups" in eine langfristige Strategie einfließen zu lassen. Auch ist es vorteilhaft, in einer Nachbarschaft eine größere Zahl kleiner, in sich stabiler Gruppen zu haben, als eine einzige große, die für das Engagement der Bürger weniger Anreiz und Stütze bietet als die kleine und überschaubare.[209]

Zu einer wirksamen Arbeit in Nachbarschaftsvereinigungen gehören bestimmte Elemente wie Führungskräfte, Organisationsstruktur, Mitarbeiter, Planung, Information, informierte Bürger und nicht zuletzt Geld.[210] Da aber solche Elemente nicht von selbst zu einer Struktur und Handlungseinheit zusammenfließen, bedarf es, vor allem unter den schwer mobilisierbaren Armen, der Mitwirkung von Katalysatoren. Diese Funktion kann gewöhnlich nur von dafür ausgebildeten Fachkräften, von Sozialarbeitern und Gemeinwesenorganisatoren geleistet werden. Im Rahmen der Sozialarbeit wurde zwar die spezifische Methodik der Gemeinwesenarbeit entwickelt, doch standen die Community Organizations gewöhnlich außerhalb der konventionellen Sozialarbeit. Der Kollisionskurs der Community Oragnizations zu den Behörden brachte auch gewöhnlich die Sozialarbeiter in Gewissenskonflikte, zumal sie sich ihrer Ausbildung nach als Anwälte der Armen verstanden.[211] Die be-

207 Vgl. J. C. Davies III, aaO, S. 193/196.

208 Vgl. N. Fruchter und R. Kramer, An Approach to Community Organizing Projects. In: R. M. Kramer, H. Specht (Hrsg.), aaO, S. 232 ff.

209 Vgl. o. Autor, Crisis in America, aaO, S. 7.

210 Vgl. J. R. Lowe, Cities in a Race, aaO, S. 577.

211 Vgl. Ch. Grosser, Community Development Programs Serving the Urban Poor. In: R. M. Kramer, H. Specht (Hrsg.), aaO, S. 297/299.

hördliche Sozialhilfe übt aber einen gewissen Konformitätszwang aus. Es ist darum fraglich, ob die von Stadtverwaltungen ausgehende Einbeziehung der Armen wirklich einen sozialen Wandel herbeiführen kann oder ob sie nicht vielmehr die politische Vitalität der Armen durch die Förderung von Abhängigkeitsverhältnissen schwächt. Cloward und Piven sehen daher den Weg zur Selbstbestimmung von einkommensschwachen Bevölkerungsgruppen allein in ihrer generellen Anhebung zur Mittelschicht. Nur sie besitze genügend Chancen der Durchsetzung und Einflußnahme.[212]

Um die Unabhängigkeit der Community Organizations zu wahren und gleichzeitig ihre fachliche Anleitung zu gewährleisten, sollten sie selbst in die Lage versetzt werden, Sozialarbeiter anzustellen. Dafür haben sich Mitarbeiter besonders bewährt, die aus der Nachbarschaft selbst stammen und eine Ausbildung erhalten haben. Im Rahmen des HARYOU-Projektes erwiesen sich Menschen verschiedener Herkunft und selbst ehemalige Straffällige als geeignete Helfer. Sie zeigten mehr persönliches Engagement, litten nicht am „Mittelschichtschock" angesichts der Slumprobleme, hatten keine Kommunikationsschwierigkeiten, waren nicht an Bürostunden gebunden, sondern lebten weiter mit der Nachbarschaft und teilten selten die unter Sozialarbeitern verbreitete Neigung, die Arbeit mit dem Klienten zu scheuen und die bürokratische Aufstiegsleiter hinauf zu fliehen. Auch finden sich unter solchen Mitarbeitern oft die potentiellen Führer der Bevölkerungsgruppen.[213]

Die Rolle der ausgebildeten Gemeinwesenarbeiter erstreckt sich auf folgende Aufgabenbereiche:

1. Die Community Organization befähigen, Zielvorstellungen und eine Prioritätenfolge zu entwickeln;
2. bei der Vorbereitung und Durchführung wirksamer Aktionen zu helfen;
3. Mitglieder der Organisation durch Schwierigkeiten hindurch zu geleiten;

212 Vgl. R. A. Cloward und F. P. Piven, The Professional Bureaucracies: Benefit Systems as Influence Systems. In: R. M. Kramer. H. Specht (Hrsg.), aaO, S. 367–372.

213 Vgl. HARYOU, aaO, S. 377–392, ferner die Darstellung des umfangreichen und differenzierten Programms, ebd. Seite 491–600.

4. durch Informationsstreuung und Öffentlichkeitsarbeit, durch geistige Vorbereitung, veranschaulichende Beispiele und ähnliche Techniken notwendige Strategien und Aktionen anzuregen.[214]

Doch auch eine von Fachkräften beratene und gut organisierte Nachbarschaftsvereinigung stößt in ihrer Arbeit und in ihrer Mitwirkung an der Stadterneuerung und Slumbekämpfung an bestimmte Grenzen. Erstens ist der Planungsprozeß so kompliziert, daß er mit all seinen technischen, sozialen und wirtschaftlichen Implikationen für den normalen Bürger nicht mehr durch- und überschaubar ist.[215] Auch die Bürokratie selbst wird mit ihrer steigenden Differenziertheit immer weniger kontrollierbar, vor allem für Angehörige der sozialen Unterschicht. Kritik kann von den Experten relativ leicht abgewehrt werden.[216] Die schwache Stellung der Community Organization gegenüber der Verwaltung kann teilweise durch die Zusammenarbeit mit beratenden Experten ausgeglichen werden und führt dann zuweilen zu qualifizierten Gegenplänen (wie etwa die Planung der „Woodlawn Organization" und der „Poor People's Planning Coalition" in Chicago), doch sind das Ausnahmen. Eine differenzierte Mitwirkungsstruktur, wie die von Buffalo, im Staate New York, könnte ebenfalls durch Auffächerung der Problemkreise (zum Beispiel Kultur, Schulwesen, Arbeitssituation) eine effektive Mitbestimmung ermöglichen, doch geht hierbei der Gesamtaspekt für den einzelnen Bürger verloren.

Alle diese Schwierigkeiten entheben keine Verwaltung und Planungsbehörde der Pflicht, Erneuerungsvorhaben so früh wie möglich zu diskutieren und die notwendigen Informationen bereitzustellen. Die Geheimniskrämerei und das Operieren mit vollendeten Tatsachen sind eine Mißachtung derjenigen, für die geplant und gebaut wird, sind undemokratisch und inhuman. Sie degradieren den Bürger zum passiven Untertan und Konsumenten, dem eine selbsternannte Elite das Denken und die Artikulation der eigenen Bedürfnisse abnimmt.

[214] Vgl. J. Boer, K. Utermann, Gemeinwesenarbeit – Community Organization – Opbouwwerk, Stuttgart 1970, S. 60.

[215] Vgl. Oakland Task Force, aaO, S. 31.

[216] Vgl. R. A. Cloward und F. P. Piven, aaO, S. 360–367.

Eine zweite Grenze der Mitbestimmung ist dort zu ziehen, wo Gruppen- oder individueller Egoismus dem Gemeinwohl schadet. Freilich kann das „Gemeinwohl“ so extensiv ausgelegt werden, daß es schlechthin zur Unterdrückung von Minderheiten führt. Aber wenn sich eine wohlhabende Gemeinde wehrt, Wohnungen für einkommensschwache Familien zuzulassen, dann muß hier Mitbestimmung beschnitten werden. Sie ist ebenfalls einzuschränken, wenn einzelne Interessengruppen (zum Beispiel Verband der Hauseigentümer, Mieterverband, Spekulanten und ähnliche) auf Kosten der Allgemeinheit ihre Forderungen durchzusetzen versuchen.[217] Auch in den Händen der sozial Benachteiligten kann Mitbestimmung pervertieren und die Verbesserung der eigenen Lebenssituation blockieren. Jedoch ist die Gefahr sehr viel größer, daß hier wirtschaftliche und soziale Abhängigkeit, Apathie und politische Ohnmacht den Weg zur Selbstbestimmung und aktiven Veränderung der Misere versperren. Aber ohne ihre Mitwirkung und Mitbestimmung bleiben alle gut gemeinten Maßnahmen im Vorfeld der Problemlösung.

[217] Diesem Problem ist besonders A. Mitscherlichs Buch „Die Unwirtlichkeit unserer Städte – Anstiftung zum Unfrieden“ – Frankfurt, 4. Auflage 1967 gewidmet.

IV. Zusammenfassung und Konsequenzen

Zusammenfassung

Die *Krise der amerikanischen Großstädte* hat sich zu einer nationalen Katastrophe ausgeweitet. Einst blühende Stadtviertel haben sich zu Slums, Luxuswohnungen sich zu rattenverseuchten Behausungen entwickelt. Trotz der Abwanderung vieler ursprünglicher Stadtbewohner zur Suburb ist das Wohnungsdefizit in den Innenstädten ungeheuer groß (New York City ca. eine Million). Dennoch stehen zahllose Häuser leer, weil sie von ihren Besitzern aufgegeben wurden und nicht mehr unterhalten werden. Dem Abbruch von Wohnungen steht kein angemessenes Neubauprogramm gegenüber. Vielmehr sind der private Wohnungsbau, der ohnehin fast ausschließlich teure Wohnungen erstellt, und die mit öffentlichen Geldern geförderten Public-Housing-Projekte und ähnliche preiswerte Wohnprojekte in den letzten Jahren weitgehend zum Stillstand gekommen. Allein in New York City suchen jährlich 23 000 neue Familien vergeblich nach einer Wohnung.

Die Ursache des innerstädtischen Niedergangs liegt im wesentlichen in der starken Wanderungsbewegung der Stadtbevölkerung und in ihrer Tendenz zu Segregation und Diskriminierung. So verlassen jährlich mehr als 100 000 weiße Mittelschichtangehörige New York City, und mit ihnen fliehen das Kapital, die Arbeitsplätze und ein großer Teil des städtischen Steuereinkommens.

In die freiwerdenden Wohnungen strömen arme Zuwanderer ein, vor allem Farbige aus den Südstaaten und Puertoricaner, und beschleunigen damit die Flucht der verbleibenden Weißen. Denn die Angst vor farbiger Nachbarschaft und starke Vorurteile sind die eigentlichen Triebfedern der Segregation und Gettobildung. Diese erzwingen bei den diskriminierten Bewohnern Abwehrmechanismen und subkulturelle Entwicklungen, die wiederum Integrationsversuche zum Scheitern verurteilen. Gettos und Slumgebiete werden zu abgeriegelten Kolonien, in denen Arme in übervölkerten und verwahrlosten Häusern von „Slumlords“ zu überhöhten Mieten gezwungen, von Händlern, Zinswucherern und anderen ausgebeutet werden.

Der Mangel an Arbeitsplätzen, die Diskriminierung bei der Arbeitssuche und die häufig unterbezahlten Beschäftigungen halten den größten Teil der Slumbewohner unterhalb des Existenzminimums. Daran ändern auch die unzulänglichen Formen der Arbeitslosenversicherung und der Sozialhilfe wenig. Sie liegen mit ihren Sätzen weit unter dem zum Leben notwendigen Minimum. (Eine vierköpfige Familie braucht jährlich 5500 Dollar, doch liegt die offizielle Armutsgrenze bei 3200 Dollar.) Auch erhalten nur 9 Millionen von 32,5 Millionen Bedürftigen Sozialhilfe. Durch den „Krieg gegen die Armut“ sind zwar die Durchschnittseinkommen der Armen geringfügig gestiegen, doch hat die Inflation bewirkt, daß sie effektiv ärmer geworden sind. Daneben hat die Abwanderung der Arbeitsplätze zur Suburb (85% des Arbeitsstellenwachstums lag in den Suburbs) die Chancen der Slumbewohner zunehmend verringert (für Harlem wurde der Verlust an Arbeitsplätzen zwischen 1964 und 1970 auf ca. 80 000 beziffert). Vor allem finden unqualifizierte Arbeitskräfte kaum mehr einen Beruf.

Die Misere der öffentlichen Schulen in den inneren Städten trägt dazu bei, daß die Grundlagen für berufliche Qualifikationen unzureichend und neue Arbeitsangebote in Büro- und in höheren technischen Berufen unerreichbar bleiben. Der Weg zu den neuen Arbeitsplätzen in der Suburb ist außerdem den Slumbewohnern dadurch versperrt, daß es keine entsprechenden Verkehrsverbindungen gibt und ein Umzug in die Suburbs fast ausgeschlossen ist. Um allein ein weiteres Wachstum der Slums zu verhindern, müßten jährlich 500 000 Farbige in die Vororte ziehen, doch verhindern hier Bebauungsvorschriften die Erstellung von preiswerten Wohnungen.

Die innerstädtische Armut zeitigt neben allen wirtschaftlichen Konsequenzen außerordentlich destruktive Folgen für die psychische Situation und den seelisch-körperlichen Gesundheitszustand der Slumbewohner. Die Quoten der Kindersterblichkeit, der Tuberkulose, der Geschlechtskrankheiten und anderer Gesundheitsindikatoren spiegeln die Daseinsnot. Der Umfang der Umweltverschmutzung und die äußere Verwahrlosung des Stadtbildes sind ebenfalls Ausdruck der allgemeinen Destruktion.

Ausmaß und Art der Kriminalität sind Konsequenz einer Lebenslage, die Selbstwertgefühle und Hoffnungen ständig zerstört. Die sinnlose und nur als Frustrationsfolge verständliche Agressivität richtet sich vornehmlich gegen Freunde und Verwandte in der nächsten Nachbarschaft. In 94% der Fälle gehören Täter und Opfer der gleichen Rasse an, so daß die Furcht der Weißen vor der Negerkriminalität weithin unbegründet ist. Dreimal mehr Farbige sind Opfer von Weißen als umgekehrt.

Die Angst vor Verbrechen ist innerhalb und außerhalb der Slums so gestiegen, daß Public Housing-Neubauten fluchtartig verlassen werden, ganze Stadtviertel und Parks mit Einbruch der Dunkelheit nicht mehr betreten werden und die Bewohner der Vorstädte sich scharfe Hunde halten.

Die Brutalität der Polizei, vor allem gegen Slumbewohner und Farbige, ist ebenfalls Resultat der allgemeinen Angstneurose. Die Schießereien der Polizei bei Gettounruhen haben meist Unbeteiligte und Fliehende getötet, nie Angreifer. Die Unruhen selbst sind oft Verzweiflungstaten einer eingesperrten, unbeachteten und durch Hoffnungslosigkeit demoralisierten Bevölkerung, sind spontane und zwecklose Ausbruchsversuche aus Unterdrückung und Armut.

Die Programme zur Stadterneuerung und Slumbekämpfung, die bereits seit der Mitte des vorigen Jahrhunderts gefordert worden waren, kamen erst in den 60er Jahren in größerem Umfang in Gang. Der 1935 begonnene soziale Wohnungsbau (Public Housing) blieb ebenso wie frühe Projekte einiger Philanthropen so rudimentär, daß er gegenüber dem Massenelend keine hinreichende Lösung anbieten konnte. Mächtige Interessen der Hausbesitzer begrenzten die Quote der Public Housing auf 35 000 jährlich, doch wurde selbst diese Rate kaum je realisiert. Allein in New York City warten 135 000 Familien auf eine Sozialwohnung.

Die durch den Housing Act von 1949 eingeleitete Slumsanierung kannte ursprünglich nur den totalen Abbruch ganzer Stadtviertel und ging von der Annahme aus, daß die Vertreibung der Armen die städtische Krise lösen würde. Darum umschloß diese Sanierung auch kein öffentliches Wohnungsbauprogramm. Kulturzentren und Luxuswohnungen sollten die innere Stadt für Wohlhabende von neuem attraktiv machen. Erst 1954 wurde auch „Wiederherstellung“ *(Rehabilitation)* als Sanierungsmaßnahme möglich. Damit konnten neue Formen des Vorgehens entwickelt und die Vertreibung einkommensschwacher Gruppen reduziert werden.

Ein umfassendes Erneuerungsprogramm wurde in der Mitte der 60er Jahre unter dem Titel *„Model City“* entworfen. Es versucht, die fragmentarischen Ansätze der Vergangenheit zu sprengen und die gesamten Lebensbedingungen eines Stadtgebietes zu beeinflussen. Vor allem fordert es die Beteiligung der Bewohner des Sanierungsgebietes an der Planung und Durchführung der Erneuerung (Citizen Participation).

Die Realisierung der verschiedenen Sanierungsprogramme stieß auf heftige Kritik und Widerstand bei der betroffenen Bevölkerung. Die skandalöse Ausbeutung von Slumbewohnern in Sanierungsgebieten durch Spekulanten, ihre Vertreibung in andere Slums, der Bau von Luxuswohnungen mit öffentlichen Geldern, von großen Public-Housing-Projekten und die erneute Zusammenballung Armer in ihnen, die Ausdehnung von Geschäfts- und Bürozentren auf Kosten der Slumbewohner, Zerstörung funktionierender Nachbarschaften und anderes mehr führten zu einer scharfen Ablehnung jeder Stadterneuerung durch die Betroffenen. Nur wo es zu einer wirksamen Mitbestimmung der Slumbewohner an der Planung kam, konnte Erneuerung akzeptiert und von privaten Selbsthilfebemühungen gestützt werden. Als eine der wenigen erfolgreichen Stadterneuerungen gilt New Haven, das mit hohen Zuschüssen des Bundes und des Staates mit der „Urban Renewal“ eine „Social Renewal“ einleitete. In Verbindung mit einem umfangreichen Antiarmutprogramm wurde die Lebenssituation der armen Bevölkerung sichtlich verbessert. Doch auch hier gelang es nicht, die Fehlentwicklung der letzten Jahrzehnte rückgängig zu machen, zu einem Ausgleich zwischen Stadt und Suburbs und damit zu einer wirtschaftlichen Sicherung New Havens zu kommen.

Nicht nur in New Haven hat die Kürzung der Bundesmittel dem Gesundungsprozeß geschadet. Von den 2,5 Milliarden Dollar, die der Housing Act von 1969 für Stadterneuerung autorisierte, sieht Nixons Budget bisher nur eine Milliarde für die Auszahlung vor, von der außerdem große Teilsummen zweckentfremdet ausgegeben werden sollten (zum Beispiel 500 Millionen für Schulintegration). Die Kürzung der Bundesmittel, ungerechtfertigte Härten und Mißstände bei Sanierungsvorhaben und die inkonsequente Sozialpolitik insgesamt haben die Hoffnung der Slumbevölkerung in die Stadterneuerung erschüttert und der allgemeinen Indolenz gegenüber dem Kampf gegen die Armut Vorschub geleistet. Da außerdem eine Raumordnung und ein Finanzausgleich zwischen den bankrotten Städten und den aufstrebenden Suburbs von den vorwiegend in Suburbs lebenden Politikern abgelehnt werden, ist eine Lösung der städtischen Krise vorläufig nicht in Sicht. Auch verhindert die herrschende Sozialphilosophie, die den Erfolgreichen glorifiziert und dem Erfolglosen die Schuld an seiner Lage zuschiebt, eine angemessene Einstellung zu den nationalen Problemen.

Unter *Mobilität und Mobilisierung der Bürger* in Sanierungsgebieten wurden Umsiedlungsfragen und der organisierte Widerstand gegen die Vertreibung der Armen beschrieben. Seit den Anfängen der Stadterneuerung, die von der Hypothese ausgingen, die Vertreibung der Armen bringe die Wohlhabenden in die Stadt zurück und löse alle Probleme, ist die Kritik nie verstummt, daß „Urban Renewal" (Stadterneuerung) „Black Removal" (Vertreibung der Neger) sei. Obwohl sich die Intention der öffentlichen Sanierungsprogramme verbal geändert hat, blieb die ständige Gefahr, daß lokale Behörden, mächtige Körperschaften und Konzerne (zum Beispiel auch Universitäten) ihren Landbedarf auf Kosten der Armen deckten.

Zwar geben behördliche Stellungnahmen an, daß Umsiedlungen die meisten Slumbewohner in Standardwohnungen eingewiesen hätten, doch war das gewöhnlich mit einer starken Steigerung der Mietlasten verbunden. Auch bewiesen Untersuchungen, daß viele Slumbewohner schon vor den eigentlichen Umsiedlungsmaßnahmen in andere Slums gezogen oder von spekulierenden Hausbesitzern vorzeitig vertrieben worden waren, da sich ein leeres Haus besser an Sanierungsträger verkaufen läßt.

Die Vertreibung wog für Angehörige der sozialen Unterschichten, für Farbige und alte Menschen besonders schwer, da diese weniger mobil, darum auf eine vertraute Nachbarschaft angewiesen sind und nur schwer neue Kontakte finden. Viele von ihnen reagierten negativ auf die Umsiedlung und trauerten dem alten Wohngebiet lange nach.

Als Antwort auf die Bedrohung durch Sanierungsvorhaben bildeten sich vielerorts Nachbarschafts- oder Stadtteilorganisationen (Community Organizations). Häufig standen spontane Protestaktionen am Anfang, die von Bürgerrechtsgruppen, linken Studenten und ethnischen Organisationen unterstützt wurden. Ihre Aussicht auf erfolgreiches Operieren wuchs aber erst mit dem Grad der eigenen Organisation und der Reichweite der Zusammenschlüsse mit ähnlichen Bürgergruppen. Als Beispiel eines erfolgreichen Kampfes gegen allein von Profitstreben geleitete Sanierungsprojekte diente die von Jane Jacobs angeführte Auseinandersetzung um einen Teil von New Yorks Greenwich Village, das wegen seiner günstigen Lage zum Geschäfts- und Finanzzentrum Manhattans zum Sanierungsgebiet erklärt worden war.

Am Fall New Havens wurde beschrieben, wie ein Bürgermeister und seine Mitarbeiter die Eigenständigkeit und Wirksamkeit der Nachbarschaftsgruppen nicht als Bedrohung der eigenen Macht und Kompetenz betrachteten, sondern die Kooperation mit Bürgergruppen zur Grundbedingung der Stadterneuerung machten. Zwar blieben auch hier Konflikte nicht aus, doch ermöglichte die Anerkennung der gegenseitigen Standpunkte und Argumente fast immer einen fairen Kompromiß. In anderen Städten kam es sehr viel häufiger zu einem bloßen Machtkampf. Als hartnäckige Gegner der Mitbestimmung der Armen erwiesen sich groteskerweise die Wohlfahrts- und Lehrerverbände, deren Selbstverständnis Mitbestimmung anscheinend ausschloß.

Eine wirksame Bürgerkontrolle verlangt eine entsprechende Organisation des Planungs- und Erneuerungsprogramms. An Buffalos Model-City-Programm konnte eine solche ebenso aufwendige wie aussichtsreiche Beteiligungsstruktur aufgezeigt werden. Zur Veranschaulichung der Einzelproblematik wurden sodann drei verschiedene Formen von Community Organizations dargestellt:

1. „Strycker's Bay Neighborhood Council" von der West Side Manhattans,
2. „Massive Economic Neighborhood Development, Inc." von East Harlem und
3. „Poor People's Planning Coalition" in Chicago. Es folgte
4. die Beschreibung der „Community Renewal Society" in Chicago, die Community Organizations unterstützt, und

5. die Darstellung der Arbeit Saul Alinskys, des bekanntesten und umstrittensten amerikanischen Organisators von Nachbarschaftsvereinigungen.

In grundsätzlichen Überlegungen wurde dann die Frage gestellt, inwieweit Community Organizations die Bedürfnisse der Sanierungsbetroffenen wirklich repräsentieren oder ob in ihnen nur eine bestimmte Auslese, vornehmlich aufstrebende Bewohner mitwirken, die bereits an der Mittelschicht orientiert sind.

Doch schwerwiegender war, daß es den Planern und Sanierungsträgern häufig bloß um eine formale Durchführung der „Citizen Participation"-Bestimmungen ging, so daß die Bürgerbeteiligung nicht selten eine bloße Farce blieb. Nur wo den Nachbarschaftsgruppen Einflußmöglichkeiten und damit auch Macht zugestanden wurden, eröffneten sich Chancen, daß Stadterneuerung den Bedürfnissen der Betroffenen nahekam. Das verlangte jedoch, daß technische Beratung und ein umfangreiches Informationsmaterial die Community Organizations in die Lage versetzte, den hochkomplizierten Planungsprozeß zu durchschauen.

Eine wesentliche Rolle fällt dabei den ausgebildeten Gemeinwesenarbeitern (Community Workers) zu, die von den Nachbarschaftsorganisationen selbst angestellt werden. Die von Behörden bezahlten Sozialarbeiter geraten leicht in Loyalitätskonflikte, da sie nicht gleichzeitig die Interessen der Armen und die der Stadtverwaltung vertreten können. Die freie Austragung gegensätzlicher Interessen verlangt die Unabhängigkeit der Verhandlungsgegner oder -partner.

Die bürgerliche Mitbestimmung am Planungs- und Erneuerungsprozeß muß dort ihre Grenze finden, wo sie der Durchsetzung von ungerechtfertigten Egoismen dient, wo sie zum Beispiel die Ansiedlung Armer und Farbiger verhindern oder Sanierung zur bloßen Profitsteigerung verfälschen will. Auch Slumbewohner können aus Unsicherheit gegenüber jeglicher Veränderung ihrer Lage die Verbesserung ihrer Lebenssituation blockieren, doch ist die Gefahr größer, daß wirtschaftliche und soziale Abhängigkeit, politische Apathie und Ohmacht den Weg zur Selbstbestimmung versperren. Mitbestimmung setzt daher ein Erziehungs-, Diskussions- und Informationsstadium voraus, das Teil einer sinnvollen Erneuerungsplanung sein muß. Stadterneuerung ohne diese Beteiligung der Betroffenen degradiert Menschen zu Randfiguren einer rein technologischen Verplanung.[1]

Zur Übertragbarkeit der amerikanischen Erfahrungen

Vor einer eilfertigen Gleichsetzung der amerikanischen Verhältnisse mit deutschen muß ebenso gewarnt werden wie vor der Leugnung aller Parallelen. Letztere dient gewöhnlich dem Selbstschutz und der Selbstberuhigung. Einzelerfahrungen und Einzelsituationen lassen sich nie direkt auf andere übertragen, doch mit der Häufung ähnlicher Fälle und dem damit steigenden Allgemeinheitsgrad wächst die Übertragbarkeit. Lassen sich außerdem im interkulturellen Vergleich ähnliche gesamtgesellschaftliche Bedingungen und Tendenzen nachweisen, so können trotz aller Vorsicht gewisse Rückschlüsse gezogen werden. Man mag erleichtert feststellen, daß die Entwicklung der sozialen Fragen in der BRD nicht in jeder Hinsicht der amerikanischen folgt, doch nach der Analyse der fremden Verhältnisse entdeckt man mit geschärftem diagnostischen Blick ähnliche Krankheitssymptome im eigenen Land, die man vorher nicht wahrnahm.

Man wird zwar hierzulande vergeblich das genaue Gegenstück zu den ausgedehnten amerikanischen Slums suchen, doch ist andererseits die soziale und psychische Situation der langjährig Obdachlosen in den Lagern von Köln, Mannheim, München und anderswo nicht sehr weit von derjenigen amerikanischer Slumbewohner entfernt, wenn man davon absieht, daß die derzeitige Vollbeschäftigung den Obdachlosen in der BRD einen günstigeren Arbeitsmarkt bietet. Auch weisen Bevölkerungsschwund der Innenstädte[2], die Abwanderung der Industrie zur grünen Wiese[3], die Boden- und Gebäudespekulation (zum Beispiel im Frankfurter Westend), die Sta-

[1] Vgl. H. J. Gans, Planning for People, not Buildings, In: Environment and Planning, 1969, vol. S. 33. „For the planner, people are little more than artefacts.“

[2] Vgl. F. Gunkel, Sinn und Unsinn der Satellitenstädte, Vortrag: Hess. Rundfunk am 1. 11. 70.

[3] Vgl. O. Aicher, Verplante Planungen, In: L. Lauritzen (Hrsg.), Städtebau der Zukunft, Düsseldorf–Wien 1969, S. 35.

gnation des öffentlichen Wohnungsbaus, die Verteuerung des privaten Wohnungsmarktes und das blinde Vertrauen auf die Selbstregulation von Angebot und Nachfrage durchaus in jene Richtung, die zur Krise der amerikanischen Städte geführt hat. Nur das rechtzeitige Erkennen bedrohlicher Entwicklungen, verbunden mit entsprechenden städtebaulichen und sozialpolitischen Aktionen, können verhindern, daß auch unsere Städte dem amerikanischen Vorbild nacheifernd zum „airconditioned nightmare"[4] (Henry Miller) werden.

Viele amerikanische Erfahrungen können, wenn nicht direkt übertragen, so doch zur Hypothesenbildung nützlich gemacht werden. Darüber hinaus scheinen manche Einsichten als so fundamental, daß sie unmittelbar in Forderungen an die deutsche Stadtsanierung umgesetzt werden sollten. Einige seien abschließend genannt:[5]

1. Grundsätzlich sollte Stadterneuerung die Attraktivität der Stadt als Lebensraum für *alle* Bevölkerungskreise steigern. Während Stadtplanung und Stadtsanierung in der Vergangenheit überwiegend den gehobenen Bevölkerungsschichten zugute kamen, gilt es nun, die weniger anziehenden Viertel besonders zu berücksichtigen und die Wohnsituation der sozial Benachteiligten, der Arbeiter, Rentner und kinderreichen Familien zu verbessern. Das in Berlin-Kreuzberg angewandte Verfahren des totalen Abrisses und der Umsiedlung der Bewohner ins Märkische Viertel entspricht der verbreiteten amerikanischen Sanierungspraxis mit der Vertreibung der Armen zugunsten einer höheren finanziellen Nutzung des Geländes und ist scharf abzulehnen. Vielmehr sollten durch Wiederherstellung und Einstreuung von Neubauten hoher Qualität die bisherigen Bevohner weitgehend gehalten, gleichzeitig aber Übervölkerung von Wohnungen vermindert und neue Bürger auf bisher ungenügend genutzten Grundstücken angesiedelt werden. Gegen die Monotonie vieler rückständiger Viertel, vor allem derjenigen mit älteren Sozialbauten, muß besonderes Gewicht auf die Auflockerung der Häuserzeilen durch Neugestaltung gelegt werden. Obwohl Ange-

4 „Klimatisierter Alptraum."

5 Die näheren Begründungen dieser Forderungen finden sich in den Kapiteln I, II und III des vorliegenden Buches.

hörige der sozialen Unterschicht auf Design weniger Wert zu legen scheinen, wirken Einfallslosigkeit und Monotonie der Fassaden auch auf sie deprimierend, wie sich in entsprechenden Public Housing-Projekten zeigte. Vor allem muß die Versorgung dieser Gebiete mit Schulen, Sportstätten, Spielplätzen und anderen Gemeinschaftsanlagen die Attraktivität für Bewohner anderer Bezirke steigern. Durch Modernisierung und Bereicherung dieser Art kann eine Totalsanierung in vielen Fällen vermieden werden.

Durch Überführung der Wohnungen in Koopeәitive mit Eigentumsanteil sowie durch „gleitende Mieten" für Sozialwohnungen kann dafür gesorgt werden, daß die Mietlasten in Grenzen bleiben.

2. Die Stadtsanierung sollte das Prinzip der freien Wohnungswahl dadurch realisieren, daß innerhalb eines Stadtteils die verschiedensten Angebote bereitgestellt oder erhalten werden. Einseitige Bau- und Wohnungstypen begünstigen Gettobildung, die in jedem Fall verhindert werden muß. Obwohl es keine verbindlichen Vorstellungen über eine optimale Mischung der Bevölkerungsschichten gibt, läßt sich doch nach den amerikanischen Erfahrungen sagen, daß die Massierung einkommensschwacher Familien außerordentlich ungünstig ist. Aber auch die konsequente und zu feinkörnige Mischung ist nicht als Ideal anzusehen, da es hier zu häufigen Statuskonflikten zwischen den unterschiedlichen Schichten kommt und da das Wohlbefinden der Menschen von der Nähe gleicher Nachbarn abhängt.[6] Darum sollte man von den Wünschen der Betroffenen ausgehen und Nachbarschaften erhalten, bzw. kleine Gruppen gemeinsam umsiedeln. Dabei ist zu beachten, daß Angehörige höherer Sozialschichten weniger nachbarschaftsbezogen sind als die weniger mobilen unteren Sozialschichten.[7] Durch eine Mischung der Bauformen und Wohnungstypen wird es ferner möglich, bei wachsender Kinderzahl oder im Alter innerhalb des Viertels umzuziehen und die vertraute Umwelt beizubehalten[8], die besonders für alte und alleinstehende Menschen einen hohen Stellenwert besitzt.

[6] Vgl. H. J. Gans, Planning for People, aaO, S. 41, ferner H. P. Bahrdt, Humaner Städtebau, Hamburg 3. Aufl. 1969, S. 132 und 150.

[7] Vgl. K. Zapf, K. Heil. J. Rudolph, Stadt am Stadtrand, Frankfurt 1969, S. 100, 124 und 142.

[8] Vgl. F. Gunkel, aaO, o. S.

Für Problemfamilien und sogenannte „klinisch Arme", die durch langes Elendsdasein verlernt haben, sich auch mit Hilfen aus ihrer Armut zu befreien[9], ist ebenfalls die Erhaltung sie tragender und stützender Gruppenstrukturen wesentlich.[10] Ihre Isolation in einer ihnen feindlichen Umwelt verschärft gewöhnlich ihre Problemlage. Die Anzahl solcher Familien und die durch sie geprägte Nachbarschaft dürfen allerdings nicht so groß sein, daß wieder Gettoprozesse in Gang kommen. Hier müssen Kompromisse zwischen der Erhaltung der Gruppenstruktur und ihrer Auflockerung geschlossen werden. Die noch immer im Bau befindlichen großen Obdachlosensiedlungen unserer Städte sind verhängnisvolle Fehlplanungen und neue Slums, denn Gruppierungen dieser Art sollten nicht über 10 bis 20 Familien hinausgehen. Gerade das lehren die amerikanischen Erfahrungen.

Bei solchen Gruppierungsüberlegungen darf andererseits die Tendenz der Bewohner zu gemeinsamer Nachbarschaft und zum Zusammenhalt nicht überschätzt werden, denn obwohl sozial schwache Menschen mehr auf Solidarität angewiesen sind als andere, häufen sich unter ihnen auch die affektiven Konfliktstoffe. Slums werden gewöhnlich nur durch den äußeren Druck und die gemeinsame Frontstellung gegen die diskriminierende Umwelt zusammengefügt, nicht durch ein echtes Solidaritätsbewußtsein und gegenseitige Zuneigung.[11]

Der Mensch als gesellig-ungeselliges Wesen sucht das ihm jeweils angemessene Verhältnis von Distanz und Dabeisein[12], das er nur realisieren kann, wenn ihm eine gewisse Wahlfreiheit hinsichtlich seiner Wohnumwelt offensteht. Diese Wahlfreiheit wird aber mit dem sinkenden sozio-ökonomischen Status immer geringer. Im freien (!) Wohnungsmarkt sind einkommensschwache Familien auf Stadtviertel mit niedrigem Wohnwert angewiesen. Die

9 Vgl. H. J. Gans, Der Fehlschlag der Stadtsanierung, In: Büro für Stadtsanierung und soziale Arbeit, Sanierung für wen? Berlin-Kreuzberg o. J., S. 72.

10 Vgl. ebd., S. 77.

11 Vgl. L. R. Peattié, Überlegungen zur Anwaltsplanung, In: Büro für Stadtsanierung ..., aaO, S. 194, ferner H. P. Bahrdt, aaO, S. 132 und K. Zapf, Rückständige Viertel, aaO., S. 233 u. 242.

12 Vgl. F. Gunkel, aaO, o. S.

oft einseitige Zusammensetzung der Bewohner solcher Viertel führt zu weiterem Wertverlust und zu Slumentwicklung, während Gebiete mit gemischtem Hausbestand die Einseitigkeit verhindern und bei beginnenden Abstiegsprozessen eher in der Lage sind, eine Selbstsanierung einzuleiten.[13] Ständige Erneuerung oder eine in Etappen durchgeführte können die günstige Mischung der Bauformen erhalten. Insgesamt gilt, daß die bauliche Umwelt zwar weniger entscheidend ist als die soziale, doch schaffen die Wohnungsfaktoren negative oder positive Voraussetzungen für soziale Umwelt. Zum Beispiel wirken sich „gute objektive Bedingungen im Wohnumfeld... positiv auf Achtung und Einschätzung der Nachbarn aus, während schlechtere Bedingungen Mißtrauen und Konflikte in der Nachbarschaft fördern".[14]

3. Eine soziale Umwelt ist von der Stadtplanung her zwar zu begünstigen, aber nicht machbar. Sie wird vom Lebensstil, von den Bedürfnissen und dem Bewußtsein der jeweiligen Bewohner geschaffen. Wo also die Stadt sozialer Lebensraum bleiben oder werden soll, kann sie nicht ohne die Mitsprache und Mitbestimmung der Bürger saniert oder geplant werden. Bahrdt formuliert dazu:

„Das letzte Wort sprechen die Bürger, die die Stadt mit privatem und öffentlichem Leben erfüllen. Sie erst geben der Stadt ihr Gesicht. Humaner Städtebau zeichnet sich durch Selbstbescheidung aus. Er läßt den Bürgern die Chance, noch selbst etwas zur Gestalt der Stadt beizutragen."[15]

Aber es geht nicht nur um eine Chance, die den Bürgern großmütig eingeräumt wird, sondern um Mitbestimmung als Rechtsanspruch. Diese Mitbestimmung ist allerdings bislang nach dem Bundesbaugesetz (§ 2, 9) und auch nach dem neuen Städtebauförderungsgesetz ausgeschlossen oder nicht vorgesehen,[16] obwohl sie wiederholt gefordert worden ist.

„Eine mündige Gesellschaft hat ein Mitspracherecht an der Planung ihrer Zukunft. Es geht nicht mehr, daß Stadtplanung innerhalb der Verwaltung entschieden und als Geheimsache behandelt wird und die Öf-

[13] Vgl. dazu J. Jacobs, Tod und Leben..., aaO, S. 115.

[14] K. Heil, In: K. Zapf, K. Heil, J. Rudolph, aaO, S. 125.

[15] aaO, S. 210.

[16] Vgl. A. Teut, Wider den Hochmut der Planungsämter. In: Die Welt, Nr. 283, 5. 12. 1970 S. I/II.

fentlichkeit nur das fertige Produkt, den endgültigen Plan zu einer formalen Beschlußfassung präsentiert bekommt. Es kann nur die Aufgabe der Planer sein, Alternativen zu entwickeln und diese der Gesellschaft zur Entscheidung vorzulegen. Warum ist es nicht möglich, Planungsvorstellungen zum Zeitpunkt ihrer Entstehung in der Öffentlichkeit zu diskutieren, bevor verschiedene Vorschläge durchgearbeitet werden? Denn nur so wäre eine direkte Einflußnahme der Gesellschaft auf den Planungsprozeß möglich." [17]

Das Mitspracherecht der Bürger am Planungsprozeß darf aber nicht mit der Beteiligung der ohnehin gesellschaftlich Einflußreichen abgegolten sein. Die soziale Mittel- und Oberschicht sind durch die Planer selbst und ihre gesellschaftlichen Leitvorstellungen so im Planungsprozeß vertreten, daß bisherige Stadtplanung und -sanierung sie auf Kosten der unteren Sozialschichten begünstigten (vor allem in den USA).

Zwar ist die Einbeziehung und Mobilisierung der sozial Benachteiligten schwieriger als die anderer Sozialschichten, doch kann damit ihr Ausschluß von den Entscheidungsgremien keineswegs gerechtfertigt werden. Da eine demokratische Gesellschaft von der aktiven Beteiligung aller Bürger lebt, und den Interessenkampf als Konstituens ihrer freiheitlichen Ordnung postuliert, wird sie unglaubwürdig, wenn sie bestimmte, bereits in vieler Hinsicht benachteiligte Bevölkerungsgruppen im Status einer unmündigen niederen Kaste hält.[18] Eine Stadtplanung, die ihre Planungsbetroffenen oder -verdrängten glaubt übergehen und an der Mitsprache hindern zu können, darf sich nicht beklagen, wenn mit zunehmender Organisation des Widerstandes Stadterneuerung schließlich völlig blokkiert wird,[19] denn Angst und ohnmächtiger Trotz sind mächtige Gegner. Auch muß berücksichtigt werden, daß das kurzfristigere Denken der Unterschichten planungsfeindlicher ist als das der obe-

17 A. Speer, Planung und Gesellschaft. In: L. Lauritzen (Hrsg.), aaO, S. 16.

18 Vgl. dazu B. G. Gallagher, The Pathological Impact of Caste. In: W. O. Stanley u. a. (Hrsg.), Social Foundations of Education. New York 1956, S. 173.

19 Vgl. J. Q. Wilson, Planung und Politik – Bürgerbeteiligung bei der Stadterneuerung. In: Büro für Stadtsanierung ..., aaO, S. 141 u. 147. Auch in München-Lehel mußte die Stadt schließlich ihre anfechtbaren Sanierungspläne zurückziehen (Vgl. A. Teut, aaO, S. II).

ren Schichten, die eher für langfristige Perspektiven zu gewinnen sind.[20] Diese Eigenart kann nur durch frühzeitige und besonders intensive Aufklärung und Planungsbeteiligung kompensiert werden.

4. Eine wichtige Rolle fällt dabei dem Planer selbst zu, der sich weniger darauf konzentrieren sollte, durch hervorstechende Bauten sein Image zu pflegen, als zum Anwalt des „humanen" Städtbaus und damit besonders derer zu werden, denen bisher die Durchsetzung ihrer Bedürfnisse und Vorstellungen am wenigsten möglich war. Für dieses Anliegen wurde in den USA der Begriff des „advocacy in planning", des Planers als Anwalt der Planungsbetroffenen, geprägt.[21] Diese Funktion wurde – wie bereits beschrieben – vor allem dort realisiert, wo Nachbarschaftsorganisationen selbst Architekten und andere Fachleute engagierten. Doch auch in Planungsbehörden sollte sich die Einsicht durchsetzen, daß sie zuallererst den Bedürfnissen der Stadtbewohner zu dienen haben. Da außerdem die Privatwirtschaft die Interessen der höheren Schichten ausreichend abdeckt, muß die Öffentliche Hand durch kompensatorische Planung den Benachteiligten Ausgleiche schaffen.[22]

Freilich bleibt es schwierig, die wahren und oft nicht bewußten und verbalisierbaren Bedürfnisse der Unterschicht zu erfahren und in Planungsziele umzusetzen. Auch entsteht dabei die Frage, ob diese Bedürfnisse nicht bereits „sekundäre Verformungen", das heißt, lediglich temporärer Ausdruck einer unbefriedigenden Lebenslage sind. Nimmt man diese Bedürfnisse dann als Grundlagen der Planung, so trägt man zur Verfestigung und Fortpflanzung unerwünschter Verhältnisse bei. Zum Beispiel könnte man bei Arbeitern eine spezifische Einstellung zu ihrer Wohnung und deren Umfeld ermitteln. Nimmt man diese Einstellung als quasi angeborene und plant daraufhin eine entsprechende Arbeiterwohn- und Lebenswelt, so erhebt man zur Norm, was in vieler Hinsicht lediglich negative Folge eines ungünstigen gesellschaftlichen Status und wirtschaftlicher Abhängigkeit ist.[23]

[20] Vgl. J. Q. Wilson, aaO, S. 144.

[21] Vgl. z. B. P. Davidoff, Advocacy and Pluralism in Planning. In: R. M. Kramer, H. Specht (Hrsg.), aaO, S. 438 ff; ferner L. R. Peattié, aaO, S. 191 ff. sowie H. J. Gans, Planning for People ..., aaO, S. 33 ff.

[22] Vgl. H. J. Gans, aaO, S. 45.

[23] Vgl. dazu etwa D. G. McKinley, Social Class and Familiy Life,

Darum dürfen Einzel- und Gegenwartsbedürfnisse ebensowenig ungefragt Planungsziele bestimmen wie andererseits nicht weniger fragwürdige, abstrakte Menschen- und Gesellschaftsbilder. Nur der aus der Pluralität verschiedener Bedürfnisse gefilterte Kompromiß wird den höchsten Annäherungswert an das Optimum erreichen. Eine demgemäße Planung wird sowohl vom Zwang der Sache als auch von der Subjektivität von Individuen und Gruppen diktiert.[24] Der Planer als Anwalt sollte den Ausgleich zwischen beiden Bereichen suchen, wobei er sich bewußt sein muß, daß eine völlige Übereinstimmung zwischen gegenwärtigen Bedürfnissen und Planungszwecken nicht erreichbar ist, denn „zwischen den Bedürfnissen, die Menschen haben, und den Zwecken, die sie sich machen können, besteht eine Inkongruenz."[25] Die Schwierigkeit, Bedürfnisse zu ermitteln und durch Mitbestimmung planungswirksam werden zu lassen, darf aber in keinem Fall dazu führen, dach dem Motto „Wer herrscht, macht den Plan"[26] Stadterneuerung ohne Einbeziehung der Betroffenen zu versuchen. Nur wo Bürger die Sanierung zu ihrem eigenen Anliegen machen, hat sie Aussicht auf Erfolg, wie etwa New Haven oder die Schweizer Stadt Baden (Kanton Aaargau) demonstriert haben.[27]

5. Aus all dem geht hervor, daß Stadtplanung und -erneuerung außerordentlich komplexe Anstrengungen verlangen, die weder mit „unpolitischem Technizismus" noch im Rahmen des marktwirtschaftlichen Prinzips allein[28] bewältigt werden können. „Im Hochkapitalismus des 19. Jahrhunderts glaubte der ‚Nachtwächter'-

New York 1964. Unter Leitung des Autors geht außerdem eine Untersuchung über „Wohnverhalten in Sanierungsgebieten" diesen Fragen nach (vgl. dazu „Zwischenbericht" Marburg 1970).

24 Vgl. H. Lübbe, Herrschaft und Planung – Die veränderte Rolle der Zukunft in der Gegenwart. In: Ev. Akademie Tutzing (Hrsg.), Modelle der Gesellschaft von morgen. Göttingen 1966, S. 29.

25 F. H. Tenbruck, Zu einer Theorie der Planung. In: G. Middlehauve (Hrsg.), Wissenschaft u. Praxis, Köln-Opladen 1967 S. 117.

26 H. Freyer, zit. v. H. Lübbe, aaO, S. 8.

27 Vgl. H. Holtmann, Ist Städtebau eine Geheimwissenschaft? In: Die Zeit Nr. 22, 2. 6. 1970, S. 8.

28 Vgl. H. P. Bahrdt, aaO, S. 29, 90 u. 92.

Staat, sich aus dem Städtebau und dem Wohnungsbau weitgehend heraushalten und mehr oder weniger alles dem freien Spiel der Kräfte überlassen zu können."[29]

Wird dieses sogenannte „freie Spiel der Kräfte" durch die langjährige Verschleppung eines Städtebauförderungsgesetzes[30] und die damit begünstigte Boden- und Wohnungsspekulation sowie durch die vorzeitige Freigabe eines unausgeglichenen Wohnungsmarktes (weiße Kreise) verfälscht, so braucht man nicht das amerikanische Beispiel der Slumsanierung mit Luxuswohnungen zu zitieren, um zu verstehen, was in Berlin-Kreuzberg und anderswo vorgeht.[31] Dieses Spiel hat durch die Steigerung der Bodenpreise (zwischen 1950 und 1967 um das Acht- bis Zehnfache und in München um das 27fache[32] und der Baukosten vor allem dem sozialen Wohnungsbau und damit wieder den einkommensschwächeren Schichten geschadet und Stadterneuerung bis zur Lähmung verteuert.[33]

Verfolgt man die in Berlin-Kreuzberg angewandten Manipulationen von Seiten der privaten Sanierungsträger,[34] die den amerikanischen Sanierungsskandalen durchaus ebenbürtig sind, so fällt es schwer, den Kritikern zu widersprechen, die „Sanierung als staat-

[29] L. Lauritzen, Zur Konzeption der künftigen Städtebaupolitik. In: ders. (Hrsg.), aaO, S. 84.

[30] Vgl. I. Zaunitzer-Haase, Städtebau vor dem Bankrott? In: Die Zeit, Nr. 25, 20. 6. 1969, S. 28.

[31] Vgl. Büro für Stadtsanierung . . ., aaO, S. 229 ff.; ferner W. Müller, Weißer Kreis – Wohlstand oder Notstand, ebd., S. 28 ff., W. Hoffmann, Bodeneigentum und Gesellschaft, ebd., S. 165 ff., A. Mitscherlich, aaO, S. 19, K.-H. Krüger, Menschen im Experiment, sowie H. Funke, „Da hilft nur noch Dynamit". In: Der Spiegel Nr. 45, 2. 11. 1970, S. 218 ff. u. 233 ff.

[32] Vgl. W. Hoffmann, aaO, S. 171.

[33] Vgl. I. Zaunitzer-Haase, Die Baulöwen klettern vom Gerüst. In: Die Zeit, Nr. 40, 2. 10. 1970, S. 28.

[34] Vgl. Materialsammlung des Soziologischen Seminars d. TU „Soziologische Probleme d. Bau- und Regionalplanung", Arbeitsgruppe II, Sommersem. 1970 (Privatsanierung Berlin-Kreuzberg, Kottbuser Tor); ferner: G. Stelly, Ein bißchen Konsum, kein bißchen Besitz. In: Die Zeit, Nr. 37, 12. 9. 1969, S. 62 (Beisp. aus d. Steuer-Babel Westberlin).

lich-monopolistische Einkommenspolitik“ oder als „staatliche Vorfinanzierung für private Gewinne“[35] bezeichnen.

Stadterneuerung wird unter der Dominanz des ungebremsten Profitstrebens inhuman und führt zwangsläufig zu einer weiteren Diskriminierung und Benachteiligung der sozial Schwachen, die bereits von den Mietsteigerungen der letzten Jahre (besonders im Altbau) am härtesten betroffen worden sind.[36] Die „Unverletzlichkeit des Privateigentums“ pervertiert leicht zur maßlosen Bereicherung einiger weniger und zum Instrument der Unterdrückung. Es verhindert vernünftige Lösungen zum Nutzen der Allgemeinheit, wie Mitscherlich immer wieder betont hat.[37] Das Anwachsen der Obdachlosenzahlen und die verbreitete Ausbeutung der Gastarbeiter durch Hausbesitzer sind nur einige Beispiele dafür.

Nur besondere Anstrengungen des öffentlichen Wohnungsbaus, staatliche Kontrolle und bürgerliche Mitbestimmung können verhindern, daß Stadterneuerung auf dem Rücken derjenigen ausgetragen wird, die des gesellschaftlichen Schutzes am meisten bedürfen. Stadterneuerung muß deshalb zugleich als Sozialreform verstanden werden. Die Erfahrungen der amerikanischen Stadterneuerung und Slumsanierung können dazu dienen, die Chancen und Gefahren der Stadtsanierung hierzulande rechtzeitig und richtig einzuschätzen. Auch der Gesellschaft der Bundesrepublik kann die entscheidende Frage nicht erspart werden, ob und wieweit sie willens ist, die gesellschaftspolitischen Implikationen einer konsequenten Stadterneuerung auf sich zu nehmen, oder ob sie alle sozialen Programme dort enden läßt, wo sie die gegenwärtige wirtschaftliche und politische Machtverteilung zu verändern drohen. An dieser Frage scheiterten letztlich die amerikanischen Slumsanierungen.

[35] o. Autor, Zur Strategie von Arbeiterkontrolle und Gegenplanung, Manuskr., Berlin o. J., S. 10.

[36] Vgl. I. Zaunitzer-Haase, Müssen alle Mieter zittern? In: Die Zeit, 21. 8. 1970.

[37] Vgl. aaO, S. 19; ferner K.-L. Günsche, Die Westend-Story. In: Weltweite Hilfe, Nov./Dez. 1970, S. 24 und H.-J. Noack, Kampf wider die Spekulanten. In: Die Zeit, Nr. 40, 2. 10. 70, S. 9. Die Spekulationsgewinne seit der Währungsreform werden auf 100 Milliarden geschätzt. Vgl. G. Schiefler, Wie soll d. Stadt saniert werden? Zeit Nr. 41, 2. 10. 70, S. 74.

Literatur

Abrams, C.: The City is the Frontier. New York 1965.

Albrecht, G.: Die Subkultur der Armut und die Entwicklungsproblematik. In: Kölner Zschr. f. Soziologie und Sozialpsychologie, Sonderheft: Aspekte der Entwicklungssoziologie (hrsg. v. R. König), Köln/Opladen 1969.

Anderson, M.: The Federal Bulldozer – A Critical Analysis of Urban Renewal 1949–62, Cambridge, Mass. 1964.

Bahrdt, H. P.: Humaner Städtebau. Zeitfragen Nr. 4, Hamburg, 3. Aufl. 1969.

Barndt, J. R.: Why Black Power? New York 1968.

Barron, B. and *E. Barron:* The Inhumanity of Urban Renewal. Springfield, Virginia 1965.

Baydikian, B. H.: In the Midst of Plenty – The Poor in America. Boston, 2. Aufl. 1964.

Bayley, D. H. and *H. Mendelsohn:* Minorities and the Police. Confrontation in America. New York 1969.

Bernd, H., A. Lorenzer und *K. Horn:* Architektur als Ideologie. Frankfurt 1968

Boer, J. und *K. Utermann:* Gemeinwesenarbeit – Community Organization – Opbouwwerk. Stuttgart 1970.

Bollens, J. C.: Exploring the Metropolitan Community. Berkeley – Los Angeles 1964.

– and *H. J. Schmandt:* The Metropolis. New York 1965.

Brager, G. H. and *F. P. Purcell* (Hrsg): Community Action Against Poverty. New Haven 1967.

Bredemeier, H. C. and *J. Toby:* Social Problems in America. New York – London 1960.

Büro für Stadtsanierung und soziale Arbeit: Sanierung für wen? Berlin-Kreuzberg o. J.

Carver, H.: Cities in the Suburb. Toronto 1962.

Center for Urban Education: Urban Education Bibliography – An Annotated Listing by H. Randolph. New York 1968.

– –: The Urban Review. New York ab 1966.

Center for Urban Education: The Urban Forum. New York ab 1966.
Chinitz, B. (Hrsg): City and Suburb – The Economy of Urban Growth. Englewood Cliffs, New Jersey 1964.
Clark, K. B.: Dark Ghetto. New York 1965.
–: Prejudice and Your Child. Boston 6. Aufl. 1969.
– and *J. Hopkins:* A Relevant War Against Poverty. New York/Evanston 1970.
Clark, S. D.: The Suburban Society. Toronto 1966.
Cohen, A.: Delinquent Boys. The Culture of the Gang. Glencoe 1955.
Colborn, F. M.: The Neighborhood and Urban Renewal. New York 1963.
Coleman, J. S. et al.: Equality of Educational Opportunity. Washington D.C. (U.S.Dep. of HEW) 1966.
Conant, J. B.: Slums and Suburbs. New York 1961.
Craik, K. H.: Environmental Psychology. In: *K. H. Craik et al.:* New Directions in Psychology 4. New York 1970.
Davies III, J. C.: Neighborhood Groups and Urban Renewal. New York – London 1966.
Davis, A. F.: Spearheads for Reform – The Social Settlement and the Progressiv Movement 1890–1940. New York 1967.
Demaris, O.: Captive City. New York 1970.
Dentler, R. A., B. Mackler and M. E. Warshauer: The Urban R's-Race Relations as the Problem in Urban Education. New York–London–Washington 1967.
Donaldson, S.: The Suburban Myth. New York–London 1969.
Donovan, J. C.: The Politics of Poverty. New York 1967.
Doxiadis, C. A.: Urban Renewal and the Future of American Cities. Chicago 1966.
Eckardt, W. v.: A Place to Live – The Crisis of the Cities. New York 1967.
Elias, N. and *J. L. Scotson:* The Established and the Outsiders. London 1965.
Endleman, S. (Hrsg): Violence in the Streets. Chicago 1968.
Engels, F.: Zur Wohnungsfrage. In: Marx/Engels-Werke Bd. 18, S. 209 ff.
Ferman, L., A. Joyce, L. Kornbluth and *A. Haber:* Poverty in America. Ann Arbor 1965.
Ford, J.: Slums and Housing, with Special Reference to New York City, Cambridge 1936.
Frieden, B. J.: The Future of Old Neighborhood. Cambridge, Mass. 1964.
Gans, H. J.: The Urban Villagers – Group and Class in the Life of Italian-American. Glencoe 1962.
–: People and Plans – Essays on Urban Problems and Solutions. New York–London 1968.

Gans, H. J.: Planning for People, not Buildings. In: Environment and Planning. Vol. 1 1969, S. 33 ff.
Glasser, P. H. and *L. N. Glasser* (Hrsg): Families in Crisis. New York–Evanston-London 1970.
Geismar, L. L. and *J. Krisberg:* The Forgotten Neighborhood. Metuchen, New Jersey 1967.
Glock, C. Y. and *E. Siegelman* (Hrsg): Prejudice USA. New York–Washington–London 1969.
Goldberg, G. S.: The Moynihan Report and its Critics: Which Side are You On? In: IRCD Bulletin Mai 1966.
– – – and *C. Lopate:* Strategies for Closing the Poverty Gap. In: IRCD Bulletin März 1969.
Goro, H.: The Block. New York 1970.
Gottehrer, B. et al.: New York City in Crisis. New York 1965.
Greenleigk Associates Inc.: Diagnostic Survey of Tenant Households in the West Side Urban Renewal Area of New York City. New York–Washington–Chicago–San Francisco 1965.
– –: A Plan to Reduce Prejudice and Discrimination in the Greater Milwaukee Area. New York 1967.
Greenwood, E.: How Churches Fight Poverty. New York 1967.
Greer, S.: Urban Renewal and American Cities – The Dilemma of Democratic Intervention. Indianapolis–New York–Kansas City 1965.
Hannerz, U.: Soulside. New York 1969.
Haring, D. G. (Hrsg): Personal Character and Cultural Milieu. Syracuse 4. Aufl. 1966.
Harrington, M.: The Other America – Poverty in the United States. New York 1964.
HARYOU (Harlem Youth Unlimited, Inc.): Youth in the Ghetto. New York 1964.
Hauser, R. and *H. Hauser:* The New Society. Draft Copy of the Center for Group Studies. London 1969. Dt. Ausgabe – –: Die neue Gesellschaft – Handbuch für Gruppentraining. München 1971 (in Vorbereitung).
Hayek, A. v.: The Constitution of Liberty. London 1960.
Heinze, F.: Masterplan. In: Urban Underground, Vol. 1, No. 1 Nov. 1969
–: Community Busters Inc. In: Urban Underground, Vol. 1 No. 3 März 1970.
Hodkinson, H. L.: Education, Interaction, and Social Change. Englewood Cliffs, New Jersey 1967.
Hollingshead, A. B. and *F. C. Redlich:* Social Class and Mental Illness – A Community Study. New York–London–Sydney 2. Aufl. 1965.
Horowitz, I. L. (Hrsg): Power, Politics and People: The Collected Essays of C. W. Mills. New York 1963.

Iben, G.: Von der Schutzaufsicht zur Erziehungsbeistandschaft. Weinheim 1967.
–: Kinder am Rande der Gesellschaft. München 1968.
–: Soziales Engagement der Studenten in Notunterkünften. In: neue Sammlung 8. Jg. Heft 4 1968, S. 379 ff.
–: Hinter den Fassaden – Sozialpädagogische Anmerkungen zu Städtebau und Stadtsanierung. In: Neues Beginnen Heft 1 1969.
–: Öffentliche Meinung und Maßnahmen zur Bekämpfung sozialer Benachteiligung (UNO-Statement). In: Neues Beginnen Heft 4 1970.
– u. Mitarbeiter: Kompensatorische Bildungsprogramme in den USA. München 1971.
– u. Mitarbeiter: Probleme gesellschaftlicher Randgruppen. München 1971.
Irelan, L. M.: Low-Income Life Styles. U.S.Dep. of HEW, Washington 1968.
Jacobs, J.: Tod und Leben großer amerikanischer Städte. Berlin–Frankfurt/M–Wien 1963.
–: The Economy of the Cities. New York 1969.
Jablonsky, A.: The Job Corps. ERIC-IRCD Urban Disadvantaged Series No. 13 März 1970.
– and *R. Barnes:* The Neighborhood Youth Corps. ebenda No. 12 März 1970.
Jenkins, H. W.: Slums und Slumbeseitigung. In: Gemeinnütziges Wohnungswesen, Heft 8 1964, S. 251 ff. und Heft 9 1963, S. 291 ff.
Kefauver, E., unter Mitarbeit von *I. Till:* In wenigen Händen – Monopolmacht in Amerika. Frankfurt/M 1967.
Kerber, A. and *B. Bommarito:* The Schools and the Urban Crisis. New York 1966.
Killens, J. O. et al.: Harlem Stirs. New York 1965.
Klages, H.: Der Nachbarschaftsgedanke und die nachbarschaftliche Wirklichkeit in der Großstadt. Köln/Opladen 2. Aufl. 1968.
Kramer, R. M. and *H. Specht* (Hrsg): Readings in Community Organization Practice. Englewood Cliffs, New Jersey 1969.
Lauritzen, H. (Hrsg): Städtebau der Zukunft. Düsseldorf–Wien 1969.
Levitan, S. A.: Programs in Aid of the Poor for the 1970s. Baltimore–London 1969.
Lewis, O.: The Children of Sanchez. New York 1961.
Lowe, J. R.: Cities in a Race ... with the Time. New York 1967.
–: Urban Renewal in Flux – The New York View. New York 1966.
–: The States: Will They Act to Save Our Cities? In: Think-Magazine, März-April 1970, S. 8 ff.

Lyford, J. P.: The Airtight Cage; A Study of New York's West Side. New York 1966.

McKinley, D. G.: Social Class and Family Life. New York 1964.

Marris, P. and *M. Rein:* Dilemmas of Social Reform. Poverty and Community Action in the USA. London 1967.

Merian: New York. Heft 9/XXIII Hamburg 1970.

Miller, S. M. and *F. Riessman:* Social Class and Social Policy. New York –London 1968.

Mitscherlich, A.: Die Unwirtlichkeit unserer Städte – Anstiftung zum Unfrieden. Frankfurt, 4. Aufl. 1967.

Morris, T.: The Criminal Area – A Study in Social Ecology. London 1957.

Moser, T.: Jugendkriminalität und Gesellschaftsstruktur. Frankfurt/M 1970.

Moynihan, D.: On Understanding Poverty. New York–London 1968.

New York City Planning Commission: Community Renewal Program. New York 1965.

–: New York City's Renewal Strategy. New York 1965.

–: Plan for New York City – Critical Issues, New York 1969.

New York State Urban Development Corporation: Annual Report. New York 1969.

Opp, K. D.: Zur Erklärung delinquenten Verhaltens von Kindern und Jugendlichen. Dt. Jugendinstitut, München 1968.

Osofsky, G.: Harlem: The Making of a Ghetto. New York 1963.

Oswald, H.: Die überschätzte Stadt. Freiburg i. Br. 1966.

Paperno-Wolf, E., Ch. Lebeaux et al.: Change and Renewal in an Urban Community. New York-Washington–London 1969.

Passow, A. H. (Hrsg): Education in Drepressed Areas. New York 1963.

Pearl, A. and *F. Riessman:* New Careers for the Poor. New York–London 1965.

Perkinson, H. J.: The Imperfect Panacea. New York 1968.

Pfeil, E.: Zur Kritik der Nachbarschaftsidee. In: Archiv f. Kommunalwissenschaft Heft 2 1963.

Rainwater, L.: And the Poor Get Children. Chicago 1961.

–: Neutralizing the Disinherited. ERIC-Document, Washington 1967.

Riessman, F., J. Cohen and *A. Pearl* (Hrsg): Mental Health of the Poor. London 1964.

Riis, J.: How the Other Half Lives. New York 8. Aufl. 1967.

Roberts, J. I. (Hrsg): School Children in the Urban Slum. New York–London 1967.

Ross, M. G.: Community Organization – Theory and Principles. New York 1955.

Rossi, P. H. and *R. A. Dentler:* The Politics of Urban Renewal – The Chicago Findings. New York 1961.
Rubenfeld, S.: Family of Outcasts – A New Theorie of Delinquency. New York–London 1965.
Salisbury, H.: Die zerrüttete Generation. Rowohlts dt. Enzyklopädie Bd. 159, Reinbek 1962.
Schorr, A. L.: Slums and Social Insecurity. (U.S.Dep. of HEW) Washington 1963.
Seeley, C. J. et al.: Chrestwood Heights. New York 1956.
Shaw, C. R. and *H. D. McKay:* Juvenile Delinquency and Urban Areas. Chicago 1942.
Sherrard, T. D. (Hrsg): Social Welfare and Urban Problems. New York–London 1968.
Shibutani, T.: Society and Personality. Englewood Cliffs, New Jersey, 6. Aufl. 1965.
Shriver, S.: Poverty. New York 1965.
Silbermann, C. H.: Crisis in Black and White. New York 1964.
Spectorsky, A. C.: The Exurbanists. New York 1965.
Spergel, I.: Racketville, Slumtown, Haulburg. Chicago 1964.
Tenbruck, F. H.: Zu einer Theorie der Planung. In: G. Middlehauve (Hrsg): Wissenschaft und Praxis. Köln/Opladen 1967.
Thernstrom, S.: Poverty, Planning, and Politics in the New Boston. New York–London 1969.
Townsend, P.: The Concept of Poverty. London 1970.
U.S.Dep. of HEW: A City for Man. Washington 1969.
U.S.Dep. of Housing and Urban Development: Strengthening Community Services in Low-Income Neighborhoods. Washington 1967.
–: Improving the Quality of Urban Life. Washington 1967.
–: The Model Cities Program – A History and Analysis of the Planning Process in three Cities. Washington 1969.
–, *Region IV, Chicago:* Citizen Participation Today. Chicago 1968.
Weaver, R. C.: Dilemmas of Urban America. Cambridge, Mass. 1965.
Wilson, J. Q. (Hrsg): The Metropolitan Enigma. Garden City N.Y. 1970.
Wioner, D. et al.: The Housing Environment and Family Life. Baltimore 1962.
Woodbury, C. (Hrsg): The Future of Cities and Urban Redevelopment. Chicago 1953.
Zapf, K.: Rückständige Viertel. Frankfurt 1969.
–, *K. Keil* und *J. Rudolph:* Stadt am Stadtrand. Frankfurt 1969.
Zimmer, B. G.: Rebuilding Cities – The Effects of Displacement and Relocation on Small Business. Chicago 1964.

Anhang

1. Auszüge

aus US. Dep. of Housing and Urban Development, Inmproving The Quality of Urban Life. A Program Guide to Model Neighborhoods in Demonstration Cities. Washington D. C. 1967.

Chapter I. Description of The Model Cities Program
I. Purposes, Policies and Standards

Description of the Program. Title I of the Demonstration Cities and Metropolitan Development Act of 1966, reffered to hereafter as "the Act", provides for a new program designed to demonstrate how the living environment and the general welfare of people living in slum and blighted neighborhoods can be substantially improved in cities of all sizes and in all parts of the country. It calls for a comprehensive attack on social, economic, and physical problems in selected slum and blighted areas through concentration and coordination of Federal, State, and local public assistance to enable cities to plan, develop, and carry out comprehensive local programs containing new and imaginative proposals to develop "model" neighborhoods. Planning grants will go only to those cities whose applications reflect an understanding of the conditions of the neighborhood area selected, how these conditions have developed, and what will be necessary to overcome them. The application should also indicate the ability and commitment to build an effective program based on such understanding and to develop effective administrative machinery which can pull together the various departments, agencies, and private bodies necessary to carry out the program.

The Program Should be Comprehensive. The Model Cities Program is intended to exert a substantial thrust at the basic problems of human and physical deterioration in our cities. The program for action at the local level should encompass all of the deep-rooted social and environmental problems of a neighborhood.

The scope of a comprehensive program derives from the purposes of the legislation as stated in Section 101 of the Act. The purposes are: (1) to rebuild or revitalize large slum and blighted areas; (2) to expand housing;

(3) to expand job and income opportunities; (4) to reduce dependency on welfare payments; (5) to improve educational facilities and programs; (6) to combat disease and ill health; (7) to enhance recreational and cultural opportunities; (8) to reduce the incidence of crime and delinquency; (9) to establish better access between homes and jobs; and (10) in general, to improve living conditions for the people who live in these areas. The program standards set forth in Chapter 1, Section 1.4 provide further indication of the required scope of the program.

The Program Should Concentrate Efforts. The carrying out of a comprehensive program will require the concentration of Federal, State, and local public and private resources. Available talent and skills must be joined together. Local leadership, private initiative, and the citizens of the Model Neighborhood will have to be mobilized to develop and implement such a program. In order to effect such a concentration of effort and to concentrate limited resources, the size of the Model Neighborhood will be limited, though large enough to assure substantial impact on the city as a whole.

Areas selected for upgrading into Model Neighborhoods should be substantially hardcore slums in which low-income families are concentrated and which are characterized by overcrowding, poverty, unemployment, dependence or welfare payments, low educational and skill levels, poor health and disease, and crime and delinquency. As a general rule, the Model Neighborhood should contain substantial numbers of residential buildings that can be rehabilitated. Large areas without these characteristics should not be included in the Model Neighborhood except on a showing of special need and justification.

Relationship of the Model Neighborhood to its Surroundings. The Model Neighborhood should not be treated as an enclave, separate and apart from the rest of the city, county or other geographical area which contributes to or exerts influence upon the problems of the area. Facilities and housing should be designed and located to tie the Model Neighborhood to the larger area surrounding it. The program should be designed to contribute to a well-balanced city containing a mixture of the facilities and services needed to serve the diverse groups living and working in the city, and it should include projects and activities designed to make services and facilities, jobs, and housing outside the Model Neighborhood more accessible to neighborhood residents.

Education: The local program should be designed to make marked progress in reducing educational disadvantage and to provide educational services necessary to serve the poor and disadvantaged in the area.

Health: The local program should be designed to make marked progress in reducing ill health and to provide health services necessary to serve the poor and disadvantaged in the area.

Housing: The local program should be designed to contribute to a well-balanced City with a substantial increase in the supply of standard housing accomodations for all citizens of all income levels.

The program should provide a variety of housing types, sizes, and prices both within the Model Neighborhood and throughout the city to provide an adequate range of choice for all who want to live in the city. The relocation of families displaced by the Model Cities program should not result in a further concentration of lowcost housing exclusively in areas where such housing already predominates.

Income Maintenance and Social Services: The local program should be designed to make marked progress in reducing social disadvantage and to provide social services necessary to serve the poor and disadvantaged in the area.

Employment and Economic Development: The local program should be designed to make marked progress in reducing unemployment and underemployment and in providing maximum opportunities for employing residents in all phases of the program and enlarging opportunities for work and training.

Crime and Delinquency: The program should be designed to make marked progress in reducing the incidence of crime and delinquency.

Transportation: The program should be designed to contribute to a well-balanced city with adequate public transportation facilities and should provide for ease of access between the residential areas and centers of employment.

Physical Environment: The program should be designed to remove or arrest blight and decay in the Model Neighborhood and provide adequate public facilities (including those needed for education, health, social services, and recreation) and commercial facilities necessary to serve the Model Neighborhood.

Design, Historic Preservation, and New Technology: Cities are encouraged to enhace the Model Neighborhood area by applying a high standard of design, to maintain as appropriate, natural and historic sites and distinctive neighborhood characteristics, and to make maximum possible use of new and improved technology and design, including cost reduction techniques.

Relocation: The local program should be designed to relocate satisfactorily all individuals, families, business concerns, and nonprofit organizations displaced in the carrying out of the program.

In developing machinery for carrying out the local program, efforts should be directed to overcoming the common problem of fragmented, uncoordinated services offered from geographically dispersed and specialized offices.

Citizen Participation: Section 103 (a) (2) of the Act requires that a Model Cities program provide for "widespread citizen participation in the program." The implementation of this statutory provision requires: (1) the constructive involvement of citizens in the Model Neighborhood and the city as a whole in planning and carrying out the program, and (2) the development of means of introducing the views of area residents to participate actively in planning and carrying out the program.

HUD will not determine the ideal organizational pattern to accomplish this objective. It has, however, outlined performance standards for citizen participation which must be achieved by each CDA. It is expected that patterns will vary from city to city, reflecting local circumstances. The city government, as the principal instrument for carrying out the Model Cities program, will be responsible for insuring that whatever organization is adopted provides the means for the Model Neighborhood citizens to participate and to be fully involved in policymaking, planning, and the execution of all program elements. For a plan to be approved, it must provide for such an organization and spell out precisely how the participation and involvement of the residents is to be carried out throughout the life of the Model Cities program.

Performance Standards for Citizen Participation. In order to provide for citizen participation called for in the Act, there must be some form of organization structure, existing or newly established, which embodies neighborhood residents in the process of policy and program planning and program implementation and operation. The leadership of that structure must consist of persons whom neighborhood residents accept as representing their interests.

The neighborhood citizen participation structure must have clear and direct access to the decision making process of the CDA so that neighborhood views can influence policy, planning, and program decisions. That structure must have sufficient information about any mater to be decided, for a sufficient period of time, so that it can initiate proposals and react knowledgeably to proposals from others. In order to initiate and react intelligently in program matters, the structure must have the technical capacity for making knowledgeable decisions. This will mean that some form of professional technical assistance, in a manner agreed to by neighborhood residents, shall be provided. Where financial problems are a barrier to effective participation, financial assistance (e.g., baby-sitting fees, reimbursement for transportation, compensation for serving on boards or committees) should be extended to neighborhood residents to assure their opportunity to participate. Neighborhood residents will be employed in planning activities and in the execution of the program with a view toward development of new career lines of occupational advancement, including appropriate training and modification of local civil service regulations for job entry and promotion.

2. Flugblätter der Poor People's Planning Coalition von Chicago

FIRST CONVENTION OFTHE
POOR PEOPLE'S
COALITION

PLATFORM STATEMENT

WE, THE POOR AND UNREPRESENTED PEOPLES OF UPTOWN, HAVE COME HERE TONIGHT IN CONVENTION:

IN THE YEARS WE HAVE LIVED IN UPTOWN, WE HAVE HEARD THE CITY GOVERNMENT SAY: WE REPRESENT YOU.

WE HAVE HEARD THE STATE GOVERNMENT SAY: WE REPRESENT YOU.
WE HAVE HEARD THE FEDERAL GOVERNMENT SAY: WE REPRESENT YOU.
BUT – WE ARE STILL UNREPRESENTED.
WE HAVE HEARD THE CITY SAY: WE WILL HELP YOU.
WE HAVE HEARD IT FROM THE FEDERAL GOVERNMENT AND THE POVERTY PROGRAMS.
NOW WE HEAR IT FROM MODEL CITIES.
BUT – WE ARE STILL POOR.

BEFORE WE CAME HERE WE LIVED ON THE FARM OR IN ANOTHER CITY. WE LIVED IN APPALACHIA. OR ON THE RESERVATION. OR ON THE SOUTH & WEST SIDES OF CHICAGO. OR IN PUERTO RICO, MEXICO, OR CUBA. WE LEFT OUR HOMES THERE BECAUSE LIFE WAS HARD, AND WE CAME HERE LOOKING FOR SOMETHING BETTER....FOR SOMETHING OF OUR OWN.

INSTEAD, WE FIND POOR HOUSING AND HIGHT RENTS, POOR SCHOOLS, LOW PAY AND THE WELFARE SYSTEM. AND FINALLY, WE FIND URBAN RENEWAL WHICH WILL SEND THOUSANDS OF US OUT ON THE ROAD ONCE MORE, LOOKING FOR A HOME, A PLACE WHERE MAN CAN LIVE IN DIGNITY.

ONLY THIS TIME WE'RE NOT GOING! NO, WE'RE NOT GOING. WE'RE HERE TONIGHT TO SAY: UPTOWN IS OUR HOME. UPTOWN IS THE PLACE WHERE WE FIGHT FOR AND WIN WHAT BELONGS TO US.

WE'RE HERE TONIGHT TO FIGHT FOR FOOD AND CLOTHES AND SCHOOLS FOR OUR CHILDREN. FOR DECENT HOMES AT RENT WE CAN PAY. FOR DECENT ~~JOB~~ JOBS.

BUT MOST OF ALL WE'RE HERE TO FIGHT FOR DIGNITY. WE'RE PROUD PEOPLE. WE DON'T LIKE BEING ORDERED AROUND BY OFFICE MANAGERS ABSENTEE LANDLORDS, THE POLICE AND THE POLITICIANS. WE WANT THE POLICE TO PROTECT <u>US</u>. WE WANT THE SCHOOLS TO TEACH OUR KIDS ABOUT <u>OUR</u> HISTORY. WE WANT TO BE <u>PROUD</u> OF OURSELVES, OUR NEIGHBORHOOD, AND <u>PROUD</u> OF UPTOWN.

We've been unrepresented long enough. We've been pushed aound by political machines that run everything without ever asking us. We're tired of the politicians and big business-men and generals who make us live like this and send our kids off to fight a war we don't understand and do it all in the name of democracy. Democracy is a beautiful word, but we got to make it work for us. If it's going to mean an-thing here, we're the only ones who can make it work.

That's our message, that's our spirit: We're going to make democracy work where it's never worked before... in Chicago, in Uptown.

We're going to do it because we are proud people. And we're be beautiful people, too. Did you ever see so many colors ~~anywhe~~ anywhere? Look around you white and black and brown and red and yellow– we're like a painting or a bouquet or a surise. Somehow we've been taught to hate each other, to fight smarter. Uptown belongs to all of us. From now on, we fight together And our fighting is against the people who want to take Uptown away from us.

Because this is the word and the message: Uptown belongs to the people– to the people who live here, whose lives are here, whos whose hopes are here. We build it together. We get our rights We co-operate together. We control our own agencies, our own schools, our own police – all of us, all the people of Uptown. We've got to takethat message out. We've got to put up signs and wear pins and talk to folks. Neighborhood Power! Uptown Power! People Power! We've got to get organized. We've got to build a community in Uptown that belongs to us.

That's why we're here tonight. That's why we've got to put together this convention and the coalition organization that will help us win what we need: <u>Democracy</u>....<u>Dignity</u>....<u>Decent lives</u> for all the people of Uptown.

THEY SAID IT COULDN'T BE DONE...BUT

JUST PLAIN PEOPLE ARE DOING THEIR THING! RED PEOPLE...BLACK PEOPLE...WHITE PEOPLE...YELLOW PEOPLE...BROWN PEOPLE... ALL TOGETHER ARE DOING THEIR THING!

THE UPTOWN PEOPLES PLANNING COALITION INC., IS THE ORGANIZATION AND THE PLACE IS UPTOWN WHERE THINGS ARE HAPPENING AND FOR THE GOOD OF THE PEOPLE WHO HAVE NEVER HAD ANYTHING GOOD HAPPEN TO THEM OR FOR THEM...BUT TIMES ARE CHANGING!

WE ARE FIGHTING THE POWERS THAT SAY POOR PEOPLE MUST GO... THEY DON'T CARE WHERE AS LONG AS THEY ARE OUT OF SIGHT... BUT WE SAY WE'RE STAYING!

THROUGH THE WORK OF PEOPLE UNITED:

...URBAN RENEWAL IS NOW CONCERNED ABOUT PEOPLE AND NOT JUST PROPERTY!

...THE FEDERAL GOVERNMENT SAYS CHICAGO MUST COUNT US IN THEIR PLANNING AND MONEY PROGRAMS...NO PHONY PARTNERSHIPS BUT A REAL ONE!

...THE PEOPLE'S VILLAGE IN UPTOWN IS BEING PLANNED BY LOCAL PEOPLE AND IT WILL BE SOMETHING TO SEE BY THE WHOLE COUNTRY ONCE IT IS BUILT...DECENT HOUSING POOR PEOPLE CAN AFFORD!

YOU CAN HELP...WEAR OUR UNITY BUTTON...GIVE AS YOU CAN... HELP THE PEOPLE WIN WITH YOUR DONATION!!!

UPTOWN AREA PEOPLE'S PLANNING COALITION
4700 N. KENMORE CHICAGO, ILLINOIS
PHONE: 784-2678, 784-2679

CHUCK GEARY
PRESIDENT

THE VILLAGE

The Village is intended to meet the needs of all Uptown residents. It will provide low-income housing while being at the same time a mixed community. It is our belief that citizens will contribute and care for a community in which they have an interest. For this reason we will encourage only three kinds of housing: private ownership in which the owner resides in the building; condominiums; ownership by non-profit corporations with a resident manager. Buildings owned by persons or sources not residing in the community will be purchased as funds become available.

Location: The Village is to be located in the area bounded by Montrose on the south, Clark on the west, Wilson on the north, and the L tracks parallel to Broadway on the east.

Physical Layout: To contribute to neighborhood stability, the Village will be built around people on foot rather than around automobiles. Sunnyside will become a park. Alleys behind buildings will be taken out and replaced with trees, grass, and playlots. All streets in the Village will be dead end streets. Parking will be provided for all cars.

Planning: Planning for the Village is being carried on entirely by people who live within the Village area, or who plan to live there. Everyone on the planning committee is a resident of Uptown. Anyone with an interest in living in the Village is eligible to participate. Proposals and alterations are still being considered.

Community Medical Facilities: An emergency medical center is to be later developed into a neighborhood clinic.

Co-operative Facilities: The Village will include a co-operative grocery, laundry, furniture exchange, pharmacy (already begun), and credit union. Other proposals for co-operative facilities will be entertained. The Co-ops will serve two purposes: they will provide a direct source of income for maintenance of other community functions; in addition, they may provide employment for neighborhood people.

Hotel: A community owned hotel will provide furnished rooms and facilities for recent arrivals to Chicago and Uptown. There are plans for special provisions for large families. The hotel will serve as a stopping off place for those who wish to settle permanently in the community.

Recreation: Besides parks, swimming pool, and playlots for the children, there will be special facilities for teenagers. This is to include a pool hall, dance hall, and garage for customizing cars. There will also be a community tavern and dance facility for adults.

Town Hall: Facilities and services of the town hall will include a rental service and welcoming committee for new residents, a welfare advisory service, business offices for the co-ops, a nursery and babysitting service for mothers who must work, town hall meetings center and auditorium. The town hall will function as a physical and social center for the Village.

3. Community Renewal Society. Daten aus einem Slum

Brief facts about the "toward responsible freedom" site area

Neighborhood – essentially Oakland and North Kenwood on Chicago's Near South Side

Boundaries – 35th Street on the north, Cottage Grove Avenue on the west, 48th Street on the south and Lake Michigan on the east

Area – about 1.1 square miles

Population – about 49,000 (97.3% black, 2% white, 0,7% other)

Percentage of residents under 18 years of age
– 42 (vs. 31.1 all-Chicago)

High schools in community
– none
(Closest are Forrestville, 45th Street and St. Lawrence Avenue, soon to be located at 4400 South Drexel Boulevard, and Kenwood, Hyde Park and Blackstone avenues, soon to be opened.)

Elementary schools in community
– eight

Playgrounds in community
– nome (although there are 5 temporary playlots exclusive of school properties)

Number of churches in community
– 11

Number of hospitals in community
– none
(Closests are Michael Reese, 29th Street and Ellis Avenue, and Provident, 426 East 51st Street. More than 40 per cent of hospitalizations from the area are made at Cook County, located 7½ miles away on the Near West Side.)

Number of doctors in community
– .085 per 1,000 population vs . . 99 all-Chicago

Number of localy owned financial institutions
– none (of total 1)

Per cent male labor unemployed
– 13.47 (vs. 5.2 all-Chicago)

Median years school completed, adults
– 9.1 (vs. 10 all-Chicago)

Per cent family annual incomes under $ 3,000
– 37.59 (vs. 13.6 all Chicago)
Total housing units
– 14,764 (5% owner-occupied vs. 32.7% all-Chicago)
Per cent substandard housing units
– 37.67% (vs. 14% all-Chicago)
Infant mortality rate
– 41.17 per 1,000 persons (vs. 30 all-Chicago)
Tuberculosis rate
– 86.84 per 100,000 persons (vs. 57.3 all-Chicago)
Crime rate
– 4,613.59 per 100,000 persons (vs. 3,301.08 all-Chicago)
Percentage of population on public assistance
– 31.41
Residents under 25
– 52.8% (vs. 39.8 all-Chicago)
Broken homes
– 27.7% (vs. 16.3 all-Chicago)

Population and community features

	1940	1950	1960	1968
Total Population	29,388	43,686	46,669	49,000
White	25,923	19,594	874	
Black	3,310	21,172	45,490	
Other	155	2,920	305	
Under 5	1,965	4,401	8,420	
5–19	4,863	7,214	12,295	
20–44	13,226	21,041	16,919	
45 and over	9,324	11,130	9,025	

4. Auszüge aus HARYOU, Youth in the Ghetto. New York 1964

Selbstdarstellung einer 15jährigen Negerin aus Harlem (S. 348–349)

And then the black man goes back home again and says, I can't solve my problem unless I attempt to solve it with a white person at my side; that I can't fight and make a change in this system unless I have a white person at my side; I can't be a man and not ask but take what is mine unless I have a white person at my side. So he sees that he is, in fact, less than a man. We look into the housing situation. The black man has the most deplorable housing in New York, in the United States. He has landlords who do nothing but constantly rob him deaf, dumb, and blind. I know, I've walked, when we were working on 117th Street, I walked into a building and I watched the landlord break his neck trying to get upstairs because the stairs were falling in. I watched him trying to shelter his head from the ceiling that was falling down from the walls and shelter his face from the plaster that was falling down from the walls. I watched him dodge rats and roaches in the hall in order to get to a woman's door and let her know that her rent was three days overdue and that unless she paid by Friday, she'd be in the street on Monday. And I watched black people go to the city officials and the other powers that be and ask for change and ask that the city step in and make a move, and all the city does is write stacks and stacks of reports on conditions and they say, "We will effect a change." They even, a few weeks ago, sent in a one hundred man team of inspectors to inspect Harlem and we did a checkup inspection on them and found that the city's idea of a complete inspection of Harlem is a house here and a house three blocks away over there, and not this side of the street at all, and not those houses because they look too bad, and they pick out the best looking houses and they take reports back to the city saying, "You know, those Negroes are always saying things are so bad – they're not so bad up there." So, the black man looks at television and he sees those news reporters saying the city is making a move to inspect housing conditions, and the man says that he thinks everything is very deplorable and he's going to make a move to do something about it, and he sets up a commission or he appoints another inspector, and then the days roll by and rat bites still show up on children, and parents find that they still have to sleep in shifts to keep the rats away from the baby at night, and the children are still catching pneumonia in the winter because of the cold, and are still not being able to go to schools, which are inferior anyway, but are still not able to go to the schools because there is no hot water to wash up in the morning and they find that it is easier to stay bundled up in the bed in blankets. So, where are the commissions and where are the inspectors and where are the powers that be that are supposed to effect the change?

So, all these frustrations build up within the black man day after day. The system that we live in becomes a vicious cycle and there is never a way out. He begs for change and it seems that the conditions get worse and worse and never make a move towards the better. And we find that for every step forward, we are forced by the powers that be to take five steps backward into even more deplorable conditions. So, when this anger builds up in black people, not knowing how to let it out and how to retaliate against the power structures, the black man finds a way out; but the way out is often in a bottle of wine or in a needle containing heroin or in a reefer, or in the power of his fists when he slaps his wife down. The woman finds a way out in the power of her hand when she slaps a child down, and so the cycle goes on.

But one unique product of this system is the young Harlemite, and this Harlem youth is the only one who is in a position to step back and look at this cycle objectively because this youth has not yet, because of age, been so viciously tainted by the cycle in this system. This youth doesn't have to risk losing a job because they attempt to fight the powers that be, so the young person is the only one who can step back and look at what exists here.

And the young person, therefore, must be the one to channel the frustrations and the anger away from the bottle and away from the wife and away from the other children and channel towards the power structure and towards the makers of the cycle. And, therefore, HARYOU not attempt to teach the young person in Harlem or make the young person in Harlem what HARYOU wants. But HARYOU must be taught by the young person in Harlem. HARYOU must be molded by the young person in Harlem. HARYOU, in essence, must be the young person in Harlem.

Übersicht über das kulturelle HARYOU-Programm

Program	Total Number Served	Size Of Class	Number Of Sessions Per Week	Length Of Sessions (Hours)
Drama I	500	25	2	3
Drama II	50	25	3	3
Stage Crafts	25	25	3	3
Writers	25	25	2	2
Dance	1,000	25	2	2
Dance	50	25	3	2
Sculpture	100	10	1	3
Painting	100	10	1	3
Commercial Art	150	25	1	3
Fine Arts Crew	50	10	3	3
Journalism	350	25	2	3
Journalism	100	—	3	3
Fashion	1,000	—	1	2
Fashion Design	100	25	2	3
Jazz Band	150	30	2	3
Percussion	350	25	1	3
Steel Band	250	25	1	3
Marching Band	50	50	2	3
Haryou Band	30	30	2	3
Vocal – group	100	15	1	4
Vocal – solo	100	15	1	4
Film and Sound	250	15	1	2
Film and Sound	50	25	2	3

Total number served, 4,930

Evaluation of the total program

Kriterien zur Beurteilung der Effektivität des Programms (S. 600–601)

The planning of a comprehensive program for youth must necessarily include ideas and techniques concerned with the evaluation of its overall effectiveness. The following criteria would seem relevant to determining the effectiveness of the total Haryou program:

1. Evidence of increased academic performance of the children in the Harlem schools and a decrease in the drop-out rate.
2. Evidence of increased employment and expansion of the quality and variety of jobs held by Harlem's young people.
3. Evidence of an increase in the proportion of young people who remain married over a period of time, and a decrease in the rate of out-of-wedlock children.
4. Evidence of a decrease in the number of known cases of narcotic addiction and a decrease in the crime and delinquency rates.
5. Evidence of a decrease in communicable diseases, infant mortality, and the percentage of children requiring institutionalization for mental illness.
6. Evidence indicating a lowering of the number on welfare rolls and in the rate of aid-to-dependent children cases.
7. Evidence of greater general assertiveness and commitment as reflected in an increase in the proportion of individuals who are actively involved in constructive community activities.
8. Finally, overall effectiveness of the pattern of Haryou programs would be reflected in evidence of systematic social action. Specifically, this would take the form of indications of the ability of the community, particularly its young people, to organize and implement programs directly related to the solution of important social problems, such as inadequate education, poor housing, economic exploitation, job discrimination, and all other symptoms of racial injustice.

Since the above criteria are complexly related to each other, the focus of the overall evaluation will lie in detailing the areas of success and failure. It will be imperative not only to note the changes which have occurred, but also to understand how such changes came about. Only changes in rates which came about through factors related to Haryou activity can be taken as evidence of the effectiveness of the total program.

Über den Autor

Gerd Iben wurde 1932 in Bad Nauheim geboren. Seit 1947 in der Jugendarbeit tätig, widmete er sich später, neben der Berufsarbeit, jugendlichen Strafgefangenen und arbeitete in der Bewährungshilfe. 1955–1958 Studium am Pädagogischen Institut Darmstadt; danach Lehrer und Schulleiter an einer Sonderschule. Ab 1960 Studium der Pädagogik, Psychologie und Psychopathologie in Marburg; dort Assistent und seit 1971 Akademischer Rat am Erziehungswissenschaftlichen Seminar. Daneben Lehrbeauftragter am Marburger Institut für Sonderschulpädagogik. Iben gründete einen Marburger „Arbeitskreis Notunterkünfte e. V.“, Träger eines Vorschulprogrammes und einer Gemeinwesenarbeit in einer Obdachlosensiedlung. Er ist deutscher Vertreter in der ständigen UNO-Arbeitsgruppe über „Socially Deprived Families“. – Seit 1960 zahlreiche Veröffentlichungen, so: „Das uneheliche Kind in der Familie, Schule und Gesellschaft“ (1964), „Schule und Sozialpädagogik“ (1967), „Jugendliche Oppositions- und Gesellschaftsformen“ (1967), „Kinder am Rande der Gesellschaft – Erziehungs- und Bildungshilfen in Notunterkünften“ (1968), „Hinter den Fassaden – Sozialpädagogische Anmerkungen zu Städtebau und Stadtsanierung“ (1969), „Kompensatorische Bildungsprogramme in den USA“ (1971), „Probleme gesellschaftlicher Randgruppen“ (1971).